Stefan Junker

Wie verteidigt man die Demokratie?

Eine Anleitung für Anfänger und Fortgeschrittene

Das Buch

Die Demokratie ist weltweit in einer schweren Krise. Auch in Deutschland und Österreich sind ihre Fundamente mittlerweile erschreckend brüchig geworden. Der demokratische Gemeinsinn erodiert in atemberaubendem Tempo vor sich hin. Gesellschaftliche Spaltungen und Extremismus nehmen immer mehr zu. Und machtbewusste Populisten gießen Öl ins Feuer, verschieben die Normen des Sag- und Machbaren in immer extremere Zonen. Ihre Parolen verfangen bei immer größeren Teilen der Bevölkerung. Dabei wirken die etablierten demokratischen Kräfte teilweise wie gelähmt. Wem Freiheit und Menschenrechte etwas bedeuten, für den wird es Zeit, zu handeln.

Jetzt.

Doch wie macht man das: sich für die Demokratie einsetzen? Sie verteidigen? Dieses Buch zeigt, wie es geht, alltagstauglich und anschaulich. Es liefert Antworten auf drängende Fragen: Wie kann jeder dazu beitragen, dem schleichenden Verfall der Demokratie Einhalt zu gebieten? Wie begegnet man Schreihälsen und Demokratieverächtern? Wie verteidigt man die Idee der Demokratie am Arbeitsplatz, im Verein, in der Nachbarschaft, an der Bushaltestelle, im Netz oder auch in der eigenen Verwandtschaft? Wie stoppt man den Mauerbau in den Köpfen? Wie überwindet man gesellschaftliche Gräben? Spätestens jetzt gilt es, den Kampf um die Demokratie aufzunehmen. Denn die Demokratie ist kein Selbstläufer mehr. Sie ist akut bedroht.

Der Autor

Stefan Junker, Dr. phil., geboren 1975, studierte einige Semester Mathematik und internationale Politik und wurde schließlich Psychologe. Seit 2004 schult er Menschen darin, wie man sich vor Manipulation und Beeinflussung schützen kann. Als Wissenschaftler galt seine Leidenschaft Forschungen zu Hypnose und Suggestionen. 2005 wurde er mit dem Georg-Gottlob-Studienpreis für angewandte Psychologie ausgezeichnet. Heute lebt und arbeitet er bei Heidelberg und lehrt dort bei der Internationalen Gesellschaft für Systemische Therapie (IGST). Er berät politische Institutionen, Unternehmen, Organisationen und Entscheidungsträger in Fragen des Umgangs mit Krisen. Daneben ist er als Psychotherapeut und Coach niedergelassen.

Stefan Junker

Wie verteidigt man die Demokratie?

Eine Anleitung für Anfänger und Fortgeschrittene

www.doktorjunker.de

Für meine Kinder.

Inhalt

Einleitung & Gebrauchsanweisung

Rechtsradikale sitzen im Bundestag, und ein menschenverachtender Narzisst sitzt im Weißen Haus. Die EU wird von den Briten verlassen, und immer mehr Parlamente und Regierungen von den Demokraten. Es ist offensichtlich: Die liberale Demokratie ist weltweit in einer schweren Krise. Sie befindet sich in Rückzugsgefechten mit ungewissem Ausgang. Für selbstverständlich gehaltene zivilisatorische Standards werden in Frage gestellt, und aggressive Populisten schicken sich an, die Herzkammern der freien Welt in Besitz zu nehmen. Jeden Tag werden mehr Menschen vom Virus des Nationalismus infiziert. Eine Gesellschaft nach der anderen gerät in den Sog charismatischer Autokraten und radikaler Ideologien. Pressefreiheit, Gewaltenteilung und Rechtsstaatlichkeit werden in atemberaubendem Tempo ausgehöhlt. Vielerorts wirken die demokratischen Kräfte überrumpelt.

Selbstbewusster Einsatz für das demokratische Zusammenleben in freien, offenen, toleranten Gesellschaften wird jetzt dringend auf breiter Front gebraucht. Denn der Ausgang des Ringens um diese grundlegenden humanistischen Werte wird unser aller Leben auf Jahrzehnte prägen.

Immer mehr Menschen spüren: Was auf den politischen Bühnen der Welt geschieht, ist nicht mehr nur „Staatstheater", das sich entspannt aus der Entfernung betrachten lässt. Die komfortablen Zeiten, als Demokraten es sich leisten konnten, weitgehend unpolitisch zu sein, sind definitiv vorbei. Doch was kann man tun? Lähmende Ohnmacht droht sich wie schwere Soße über die Gemüter ganzer Bevölkerungsschichten zu gießen. Angst breitet sich aus. Angst um Mitbestimmung, Minderheitenrechte und den gesellschaftlichen Frieden. Angst um das freiheitliche Lebensmodell.

Aber allmählich formiert sich der Widerstand. Eine Schlacht globalen Ausmaßes um die Zukunft der Demokratie ist in vollem Gange. Die Frontlinien verlaufen nicht irgendwo auf der Weltkarte, zwischen Berlin, Washington, London, Brüssel, Istanbul oder Moskau, sondern quer durch den Alltag: im Internet, in Kindergärten, Schulen, Büros, Fabrikhallen und auf der Straße. Dort gilt es, sich für die Demokratie einzusetzen. Dieses Buch zeigt, wie es geht. Jedes der folgenden Kapitel widmet sich einem Thema, das häufig noch Brachland für willige Demokratieverteidiger ist. Fruchtbare Brache sollte kultiviert werden, bevor die Gegner der Demokratie ihre vernichtende Saat dort ausbringen können.

Dieses Buch zeigt, wie sich jeder persönlich und mit einfachen Mitteln für das Leben in einer freien, menschenfreundlichen Gesellschaft einsetzen kann. Am Beispiel alltäglicher aber kniffliger Situationen wird dargestellt, wie das geht. Die Themen reichen vom Umgang mit Populisten und Schreihälsen, Fremdenfeinden oder den Schreibern von Hassbotschaften über das Engagement für die Wahrheit in Zeiten von Lügen, Falschmeldungen und Verschwörungstheorien bis hin zum Einsatz für die Demokratie in Schulen, der eigenen Familie – und auch in den finsteren Ecken der eigenen Seele. Stück für Stück wird demonstriert, wie man das macht, die Demokratie verteidigen. Jedes Kapitel schließt mit ganz praktischen Empfehlungen: Demokratie-Verteidigung auf den Punkt. Manche Abschnitte werden mit vertiefenden „Infokästen" ergänzt. Das Buch kann der Reihe nach gelesen werden, als Panoptikum der eigenen Handlungsmöglichkeiten. Da die Kapitel nicht aufeinander aufbauen, sich aber ergänzen, lässt sich das Buch auch, je nach Interesse, kreuz und quer lesen.

Manch einer mag sich die Frage stellen: Wie soll ich mich denn ganz allein für demokratische Belange einsetzen? Denn nicht jedem liegt es, sich als Einzelkämpfer zu betätigen. Es lohnt sich, eine kleine Recherche vor der eigenen Haustür vorzunehmen oder im Internet nach Gleichgesinnten Ausschau zu halten. In vielen Gemeinden und Regionen haben sich längst Menschen zusammengeschlossen, um sich auf die eine oder andere Art für das demokratische Miteinander einzusetzen. Neue Mitstreiter sind immer herzlich willkommen. Einen guten Einstieg in die Recherche nach bestehenden Initiativen ermöglich das Bundesprogramm „Demokratie leben!" (demokratie-leben.de) des Bundesministeriums für Familie, Senioren, Frauen und Jugend.

Und nun, Demokrat: frisch ans Werk! Das Land, das du geerbt hast, ist ein demokratisches Land. Unsere Großeltern und Urgroßeltern haben für unsere Freiheiten mit ihrem Schweiß und ihrem Blut bezahlen müssen. Der Kontinent, auf dem du lebst, bietet den Menschenrechten wunderbare Wachstumsbedingungen – noch. Aber immer mehr Wüsten entstehen. Verteidige dein demokratisches Land, deinen Kontinent, deine Werte und deinen Lebensstil. Warte nicht darauf, dass jemand anderes das für dich erledigt. Du bist der Souverän. Wenn du das bleiben willst, solltest du dich auch souverän verhalten und jetzt handeln.

Mit Leuten reden, die nicht mehr mit sich reden lassen

Für viele Menschen in Europa war der Brexit ein Schock. So auch für Britta Bünder. Am Morgen nach dem historischen Ereignis starrte die zweifache Mutter fassungslos auf eine Grafik in der Zeitung: Die Alten – also die, die es nicht mehr wirklich betreffen würde – hatten überwiegend für den Ausstieg aus Europa votiert und sich damit durchgesetzt. Die Jungen, die mit der Entscheidung noch lange würden leben müssen, hatten sich mehrheitlich, aber vergeblich für den Verbleib in der EU ausgesprochen.

Dann der nächste Schlag: die Wahl von Donald Trump. Die heute 37-jährige Psychologin verstand die Menschen nicht mehr. Ihre Realität schien nicht dieselbe zu sein wie die von Abermillionen Wählern, die sich für populistische Parolen entschieden und dabei über oft menschenverachtende Aussagen hinweggesehen oder diesen ausdrücklich zugestimmt hatten. Wie hatten nur so viele mündige Bürger gegen all das stimmen können, was ihr heilig war: kulturelle Vielfalt, ein freiheitliches und offenes Lebensmodell, ein integriertes Europa. Es schien, als hätte irgendetwas ganze Bevölkerungsschichten in Paralleluniversen geschleudert, zwischen denen es keinerlei Verbindung mehr gab.

Leider ist es heute ein weitgehend unumstrittener Befund: Die Gesellschaften der westlichen Demokratien scheinen zu zersplittern. Der öffentliche Diskurs droht zu zerfallen in sogenannte „Filterblasen" – abgeschottete Teilöffentlichkeiten, in denen Gleichgesinnte einander bestärken und radikalisieren. Immer mehr Gruppierungen entfernen sich vom gesellschaftlichen Konsens und stehen sich unversöhnlich, ja ideologisch fanatisiert gegenüber.

Die große Herausforderung der Demokratie ist es, immer wieder Brücken zu bauen und Menschen für die gemeinsame Gestaltung der gesellschaftlichen Belange zu gewinnen. Doch wie soll das funktionieren, wenn sich überall tiefe Gräben auftun und es immer weniger Verbindendes gibt? Wie soll Demokratie funktionieren, wenn nicht mehr miteinander geredet und produktiv gestritten wird?

Auch Britta fragte sich, wie sie mit anderen Milieus in Kontakt kommen könnte. Doch sie war ratlos: *„In meinem Bekanntenkreis wählen alle nur SPD, Grün, die Linke. Lediglich Oma wählt die CDU. Das war`s."* Auch sie selbst war Teil einer Blase und schien hilflos in dieser gefangen. Wie also diese verlassen, wie den Kontakt zu anderen herstellen und versuchen, die Trennung gesellschaftlicher Sphären zu überwinden?

Als Britta Besuch aus den USA bekam, offenbarte der Freund sich als Trump-Anhänger. Die beiden tauschten sich tagelang aus. Das lief nicht ohne Emotionen ab, aber doch meist sachlich und vernünftig. Beide konnten die unterschiedlichen Sichtweisen, Begründungen und Bewertungen des jeweils anderen annehmen und aushalten, die dahinterliegenden Bedürfnisse respektieren. *„Es war eine tolle, bereichernde Begegnung."* Das persönliche Gespräch: Respekt, Toleranz, der Abgleich von Argumenten, der beiderseitige Wille, den anderen zu verstehen – das ist die Grundlage jeder demokratischen Ordnung.

Die sozialen Netzwerke stehen zu solchen »echten« Begegnungen in starkem Kontrast: mit ihren selbst verstärkenden Echokammern, den jenseits der Wirklichkeit irrlichternden Blasen, der rasenden Geschwindigkeit, der latenten Enthemmung und Entmenschlichung, dem wilden Draufhauen aus der Deckung der Anonymität. Doch gerade hier tut Brückenbau not, wenn die liberale Demokratie überleben soll.

Britta beschreibt ihre Reaktionen auf die Ereignisse des Jahres 2016 als eine Zeit des politischen Erwachens. Ihr wurde klar: Von selbst werden die freiheitlichen Selbstverständlichkeiten von früher nicht mehr bestehen bleiben: offene Grenzen und Frieden in Europa; Zusammenhalt der westlichen Welt, das Modell der offenen, pluralistischen Gesellschaft; Menschenrechte und Demokratie. Man musste etwas machen, um die Demokratie zu schützen, zu erhalten. *Sie selbst* musste etwas machen. Und sie stellte fest, dass sie nicht alleine war. Überall politisierten sich die Menschen.

Britta wollte ihren Teil zum gesellschaftlichen Brückenbau beitragen, sie überlegte: *„Welche Menschen sind von meiner Meinung am weitesten entfernt?"* Schnell fiel ihr Blick auf die AfD und deren Anhänger. An Neujahr 2017 nahm sie sich vor, aktiv in die Blasen der AfD einzutauchen.

Sie hörte sich in den Kreisen der Parteimitglieder und Sympathisanten um, beschäftigte sich mit deren Blogs, Tweets und Kommentaren und war entsetzt: *„Wie krass! Viele dort haben nicht nur andere Meinungen und Einstellungen als gemäßigtere Gruppierungen. Sondern die waren extrem abwertend gegenüber Andersdenkenden."* Sie folgte AfD-Tweets und las mit Entsetzen viele menschenverachtende Kommentare. Einmal in diese Blase eingetaucht *„… konnte und wollte ich vieles nicht so stehen lassen. Man kann diese Menschen doch nicht in ihren Blasen belassen. Das verstärkt sich alles von selbst immer mehr, ein Teufelskreis! Die verschiedenen Milieus müssen in Kontakt miteinander kommen."*

Um den Blasen Nadelstiche zu verpassen, begann sie sich einzumischen und hakte nach: *„Wie kommen Sie darauf? Ich sehe das anders als Sie. Was schlagen Sie konkret vor, um die von Ihnen bemängelten Missstände zu beheben?"*. Sie schrieb nüchtern, verwies auf Fakten, manchmal auch auf das deutsche Grundgesetz, das Asylrecht, die Menschenwürde. Das brachte ihr Vorwürfe ein; sie sei dumm, leichtgläubig und naiv, trage eine rosa-rote-Brille, wisse gar nicht, was wirklich abgehe in der Multikulti-Republik Deutschland.

Britta lebt mit ihrer Familie in Mannheim Neckarstadt, einem Stadtteil, der von vielen als No-Go-Area angesehen wird, einem Sinnbild für den Niedergang des Abendlandes: 22.000 Einwohner aus über 160 Nationen. Menschen mit Migrationshintergrund stellen mit 69% die absolute Mehrheit. In den Klassen der örtlichen Grundschulen sind es bis zu 90%. Diese Erfahrung versetzte sie in die Lage, auf die emotionalen Horrorskizzen von „multikulturellen Sündenpfuhlen" sachkundig und glaubwürdig zu reagieren. Sie nutze ihre lebensweltliche Erfahrung und injizierte diese in die Diskurse der fremden Blase. Britta Bünder berichtete aus eigener Anschauung über Umstände, die viele AfD-Anhänger ihrer Meinung nach vorschnell als den Untergang des Abendlandes ansehen: *„Das, was Rechtsnationale als No-Go-Area bezeichnen, ist mein Zuhause. Ich bin bestens über die Zustände vor Ort informiert, war dort viele Jahre Bezirksbeirätin.*

16

Menschen, die aus anderen Ländern stammen, sind meine Nachbarn und Freunde, und die Freunde meiner Kinder."*

Auch ihre eigene Blase erfuhr beim Kontakt mit den Blasen der AfD-Anhänger hilfreiche Veränderungen und Öffnungen. *„Es gab einige für mich sehr wichtige Rückmeldungen. Zum Beispiel: Nehmen Sie bitte wahr, dass es auch andere Positionen gibt. Reden Sie nicht alles schön. Andere Menschen haben schlechte Erfahrungen mit Menschen aus anderen Kulturkreisen gemacht. Es gibt Probleme und Ängste."* Sie sagt: *„Daran können wir als Gesellschaft nur gemeinsam arbeiten."* Die Konfrontation mit dem Anderen, auch dem Extremen, birgt stets das Potential zur Selbstreflexion und enthält Hinweise auf unzureichend bearbeitete gesellschaftliche Probleme. Heikle Themen systematisch auszublenden und zu tabuisieren macht alles nur schlimmer.

Brittas Erfahrungen, ihre lernorientierte Haltung und ihr entschlossenes Vorgehen machen Mut. Offensichtlich kann es trotz Hindernissen gelingen, miteinander ins Gespräch zu kommen und Sichtweisen gegenseitig anzuerkennen. Und auf diese Weise dazu beizutragen, so etwas wie demokratische Öffentlichkeit, Gemeinsinn und Gesellschaft zu erzeugen.

Wem die Demokratie, ähnlich wie Britta Bünder, am Herzen liegt, der sollte den Dialog mit ›Andersgläubigen‹ nicht meiden, sondern erst recht suchen. Denn der Ausschluss anderer beschädigt nur die Wehrhaftigkeit der Demokratie. Demokratische Werte werden im Gespräch verteidigt, nicht durch seine Verweigerung. Ausgrenzung beschleunigt nur die Selbstabkapselung von Bevölkerungsteilen. So wurde

AfD-Politikern in der Vergangenheit gemäß der Devise »Spiel nicht mit den Schmuddelkindern« gerne der Zutritt zu gesellschaftlichen Anlässen und gemeinsamen Gesprächen verwehrt: Ball der Bundespressekonferenz, Elefantenrunden an Wahlabenden, Kirchen- und Katholikentage, Fernsehdebatten von Spitzenkandidaten. Trotzig-hilflose Gesprächsverweigerungen verstärken nur den Hass der Ausgeschlossenen auf alles Etablierte und bieten ihnen die Möglichkeit, sich als Opfer zu inszenieren. Spaltung und Blasenbildung erfahren auf diese Weise nur neue Nahrung.

Dabei kann man das Handwerk des fruchtbaren Diskurses, den Austausch von Argumenten und Meinungen, lernen, und das bereits sehr früh: z.B. in Form von Kinderparlamenten in Kindergärten und ähnlichen Einrichtungen. Wo so etwas noch nicht existiert, können Eltern es durch ihre demokratisch gewählten Repräsentanten, also die Elternsprecher anregen. Jeden Tag leben Hunderttausende ErzieherInnen und LehrerInnen ihren Schützlingen den gemeinsamen Brückenbau vor. Geduldig praktizieren sie die Grundlagen des demokratischen Zusammenlebens, das miteinander Reden, den Perspektivwechsel und das Verständnis für Andere.

Ein besonderes Beispiel ist die Aktion »Jugend debattiert«. Auf Initiative und unter der Schirmherrschaft des deutschen Bundespräsidenten findet dieser Schülerwettbewerb bereits seit 2001 statt (jugend-debattiert.de). Interessierte Lehrer können sich zu diesem Zweck fortbilden lassen, den Schülern spezielle Trainings anbieten und sie so für den Austausch von Argumenten und Meinungen begeistern.

Wer das Schulalter bereits hinter sich hat und studiert, für den gibt es an vielen deutschsprachigen Hochschulen die wunderbare Institution der »Debattierclubs« (vdch.de). Bei deren Treffen werden nach festgelegten Regeln politische, wirtschaftliche und gesellschaftliche Fragestellungen beleuchtet. Nach kurzer Vorbereitungszeit vertritt je ein zufällig zusammengestelltes Team Pro-, das andere Kontraargumente. Den Teilnehmern ist bewusst: Eine lebendige Debattenkultur ist die Grundlage jeder Demokratie. Geschult wird nicht nur das Finden und Strukturieren von Argumenten, sondern auch das aktive Zuhören und Eingehen auf die Gegenseite.

Um sich für die Demokratie einzusetzen, gilt es kreativ zu sein, über Gräben hinweg zu denken und neue Möglichkeiten des gesellschaftlichen Brückenschlags zu finden: Die Wochenzeitung *Die Zeit* startete im Mai 2017 die Aktion »Deutschland spricht« und fragte »*Dürfen wir Ihnen jemanden vorstellen?*« Ziel war es, fremde Menschen mit gegensätzlichen politischen Ansichten, erfasst über einen kurzen Fragebogen, an einem Sonntagnachmittag miteinander ins Gespräch zu bringen. 1200 Menschen trafen sich schließlich und debattierten. Auch die *Süddeutsche Zeitung* legte unter dem Titel »Democracy Lab« ähnliche Formate auf und versuchte konstruktive Debatten mit und in der Bevölkerung zu organisieren. Ein Wermutstropfen: Die Leser von Zeit oder Süddeutscher bilden bereits einen bestimmten Bevölkerungsausschnitt, womit das brückenbauende Potential solcher Aktionen zu anderen Gruppen womöglich begrenzt ist. Aber wer weiß: Möglicherweise finden sich mutige Verantwortliche von FAZ, TAZ und Bildzeitung oder ZDF, MDR und RTL zusammen und legen ähnliche Formate gemeinsam auf. Weitere interessante Aktionen, die versuchen, Bürger miteinander ins Gespräch zu bringen und zu vernetzen, sind beispielsweise unter campact.de oder die-offene-gesellschaft.de zu finden.

Der demokratische Diskurs darf jedoch nicht auf isolierte Aktionen und organisierte Formate beschränkt bleiben, sondern muss für jedermann jederzeit zugänglich an öffentlichen Orten stattfinden können. Keine Stellvertreterdebatten in Parlamenten und Talkshows, sondern echte, unmittelbare Gespräche der Bevölkerung – *souveräne* Debatten. Warum nicht zu diesem Zweck überall in der Republik Demokra-Tische aufstellen, an denen jeder Platz nehmen kann, um sich mit beliebigen Fremden über gesellschaftliche, politische Themen auszutauschen? Gespräche, die öffentlich sind, denen jeder beiwohnen, in die sich jeder einbringen darf? Tische auf Marktplätzen, vor Rathäusern, in Universitäten und Parks, Cafés und Bibliotheken, die ohne Ausnahme alle Vorbeikommenden einladen, miteinander über das Miteinander zu reden? Mal schauen, was daraus wird (demokratisch.de).

Gesellschaftlicher Brückenbau zum Schutz der Demokratie ist unser aller Aufgabe, nicht nur die von Politikern oder Medien. **Reden wir miteinander!**

Brich aus der eigenen Blase aus. Verlasse deine gedanklichen Einflugschneisen und weltanschaulichen Komfortzonen. Versuche, mit anderen in Kontakt zu kommen.

*

Zeige deinen Gesprächspartnern mit offenen Fragen, dass du sie wirklich verstehen willst. Frage nach ihren Meinungen, Argumenten und Bedürfnissen.

*

Gehe zu Diskussionsveranstaltungen, Podien und öffentlichen Debatten. Suche Menschen geduldig gerade dort auf, wo du selbst eigentlich nicht hinmöchtest. Wage dich an die Infostände extremer politischer, religiöser, weltanschaulicher Bewegungen. Suche fremdartige Hallräume im Internet auf.

*

Hole andere dort ab, wo sie sind. Baue Brücken. Suche nach verbindenden Interessen und gemeinsamen Nennern.

*

Lade zu sachlichen Gesprächen ein. Sage deine Meinung, begründe deine Positionen, hinterfrage. Scheue dich nicht vor Konflikten, bleibe aber stets sachlich. Argumentiere gegen Ideologien, nicht jedoch gegen Menschen.

*

Zeige Wertschätzung. Interpretiere die Aussagen deiner Gesprächspartner möglichst wohlwollend. Hilf ihnen, das Gesicht zu wahren – wenn es irgendwie geht.

*

Wenn du sehr emotional wirst, vergiss nicht weiterzuatmen
– das hilft. Unterbrich oder beende Gespräche, wenn sie zu
nichts mehr als persönlichen Beleidigungen führen. Und
vergiss nie, dass dein Gegenüber auch ein Mensch mit Gefühlen und Bedürfnissen ist.

Wenn`s drauf ankommt:
Arsch hoch und Zähne auseinander!

In letzter Zeit ist man im Alltag – im Büro, dem Stammlokal, beim Fußballspiel oder auf dem Bahnsteig – immer häufiger unvermittelt damit konfrontiert, dass Menschengruppen pauschal diffamiert werden: *»Diese ganzen schmarotzenden Neger und Kanaken in unseren Städten, das kotzt mich an!«* – „*Dass Homos und perverse Lesben so provozierend herumlaufen, sollte man handfest unterbinden.*“ – „*Diese Ökos kann man von mir aus in der nächsten Biotonne entsorgen.*“ Solche Sätze werten Menschen massiv ab und bedrohen demokratische Grundwerte. Ebenso die Verwendung von Begriffen wie beispielsweise ›Schlampe‹, ›Fotze‹, ›Spasti‹ oder ›Schwuchtel‹. Was macht man da? Lässt man das stehen? Schüttelt nur den Kopf? Soll man etwas sagen?

Mit dem Einzug der Populisten in viele westliche Parlamente, und nun auch in den Deutschen Bundestag, geht eine Verrohung der Sprache einher; eine brandgefährliche Entwicklung. Denn Sprache ist die Grundlage des Denkens. Sprachliche Verrohung ist die Vorstufe zu direkten verbalen Angriffen. Und verbale Angriffe sind der enthemmende Vorläufer handfester körperlicher Angriffe. Meist geht es gegen Fremde und Minderheiten, Andersgläubige, Menschen mit fremdem kulturellen Hintergrund oder anderer sexueller Ausrichtung, oder einfach gegen das weibliche Geschlecht. Manchmal auch gegen ganze Berufsgruppen wie Journalisten (*»Lügenpresse!«*) oder Politiker („*Volksverräter*“).

Immer aber geht es gegen die Würde und Gleichheit von Menschen – den Kern der Menschenrechte – und damit gegen den Kern der Demokratie. Man muss es klar sagen: Aussprüche wie die obigen sind direkte Angriffe auf die Demokratie – und damit eine Aufforderung an alle Demokraten, couragiert in den aktiven Verteidigungsmodus zu schalten.

Zivilcourage bedeutet, für Menschenrechte einzustehen, auch wenn man nicht selbst attackiert wird; das eigene Handeln konsequent an moralischen Maßstäben auszurichten; den Mund auch gegenüber vermeintlich Stärkeren, Autoritäten oder Vorgesetzten aufzumachen; sich nicht opportunistisch anzupassen. Und dies selbst dann, wenn das eigene Handeln Risiken und persönliche Nachteile mit sich bringt. Zivilcourage heißt, bereit zu sein zum Verteidigen der Demokratie. Zivilcourage ist die wichtigste Tugend der Bürgerinnen und Bürger einer Demokratie.

Doch wie geht das ganz praktisch, Zivilcourage? Wie könnte man auf Aussagen wie die eingangs geschilderten reagieren?

Vor allem ist es wichtig deutlich zu machen, dass man nicht zustimmt: »*Ich finde Ihre Äußerungen sehr problematisch. Was bezwecken Sie damit, wenn Sie Menschen so bezeichnen? Wie fänden Sie es, wenn Sie so genannt werden würden? Ihre Aussprüche sind eindeutig diskriminierend / rassistisch / frauenfeindlich, werten andere ab und verletzen sie. Ich möchte nicht, dass hier irgendjemand von Ihnen so bezeichnet wird. Wenn Sie solche Worte weiterverwenden, muss Ihnen klar sein, dass Sie von anderen als diskriminierend und lernunwillig angesehen werden.*«

Daneben kann man gegebenenfalls versuchen, dem verbalen Geisterfahrer eine gesichtswahrende Ausfahrt anzubieten und einen konstruktiven, sachlichen Dialog zu starten: *»Ich nehme an, Sie wollen mit diesem verunglimpfenden Satz ausdrücken, dass Sie in Sorge um das gesellschaftliche Zusammenleben sind? Wie lauten denn Ihre Befürchtungen?«*

Nehmen wir ein anderes Beispiel: Jemand schimpft über *»die Migranten«*, da diese daran *»schuld«* seien, dass er keine Arbeit und auch keine bessere Wohnung finde. Einige mögliche Reaktionen auf diese Verknüpfung persönlicher Probleme mit Vorurteilen: *»Sie haben also persönliche Probleme? Das tut mir leid für Sie. Allerdings kann ich den Zusammenhang, den Sie zwischen Ihrer Situation und den Migranten sehen, nicht nachvollziehen. Wie genau sieht dieser Zusammenhang aus?"* Häufig genügt es schon, bei den Fakten genauer nachzuhaken: *„Sie sind arbeitslos? Seit wann, wenn ich fragen darf?"* Erstaunlich oft erweist sich dann, dass der „Schimpfer" persönlich überhaupt nicht betroffen ist.

Sie können auch Ihre eigene Situation in die Waagschale werfen: *„Ich hätte auch gerne eine bessere / günstigere Wohnung. Es gibt zu wenig bezahlbaren Wohnraum, da stimme ich Ihnen zu. Das war aber auch schon vor der Ankunft der Flüchtlinge 2015 so. Und soll man wirklich die Schwächsten für die Versäumnisse der Wohnungspolitik verantwortlich machen?"* Noch ein Beispiel. Diesmal ist es kniffliger, die verbale Verrohung kommt nicht so offensichtlich daher, sondern gewissermaßen getarnt: *»Eigentlich habe ich gar nichts gegen Türken, aber ich muss mal loswerden, dass die meisten Kümmelfresser respektlose Hinterwäldler sind!«* Es werden hier zwei Aussagen verknüpft, die sich widersprechen, um so den Eindruck zu erwecken, man sei eigentlich neutral und habe gar keine negative Meinung zu einer bestimmten Minderheit. Wie könnte man darauf reagieren? *»Im Grunde sagen Sie damit, dass Sie sehr wohl Vorurteile gegen Türken haben. Wie viele Türken kennen Sie eigentlich persönlich? Wären Sie daran interessiert, Ihre Ansichten durch den tatsächlichen Kontakt mit Türken zu überprüfen? Oder wollen Sie Ihre Meinung lieber behalten? Dann müssten Sie sich weiter den Vorwurf gefallen lassen, dass Sie natürlich etwas gegen Türken haben.«*

Das unvermittelte Umschalten in den demokratischen Verteidigungsmodus fällt nicht immer leicht. Das zeigt auch eine Umfrage von Marburger Psychologen um Ulrich Wagner. 2007 sagte nur ein Drittel der Befragten, die schon einmal Zeuge von Übergriffen auf ethnische Minderheiten geworden waren, sie hätten versucht, den Attackierten zu helfen (*Berliner Zeitung* vom 30.8.2007). Und dies, obwohl sich ein überwältigender Teil der Bevölkerung zu den Menschenrechten und dem Schutz von Minderheiten und Schwächeren bekennt. Der Widerspruch lässt sich durch Ängste und weitere psychologische Hindernisse erklären, die der Zivilcourage im Wege stehen können. Wer sie kennt, kann sie leichter umgehen (siehe Infokasten).

Infokasten: Was Zivilcourage verhindert

Nichtbeachtung von Geschehnissen aus Desinteresse an anderen, Selbstbezogenheit oder Eile

»Mein Kopf ist voll genug mit meinen eigenen Angelegenheiten. Ich kann mir ja nicht die ganze Zeit Gedanken über alles Mögliche machen, was gerade irgendwo vor sich geht.«

Zweifel, ob wirklich eine Situation vorliegt, die eigenes Handeln erfordert

»Bevor ich mich lächerlich mache, weil ich mich einmische, obwohl eigentlich nichts ist, mache ich lieber nichts.«

Bagatellisierung

»Das wird schon nicht so wild sein. Solche Dinge passieren eben.«

Reduzierte Bereitschaft, selbst Verantwortung zu übernehmen (›Verantwortungsdiffusion‹)

»Hier sind ja viele andere Leute. Da weiß bestimmt jemand besser als ich, was zu tun ist.«; »Von den anderen reagiert auch keiner. Dann brauche ich das auch nicht.«

Bewertung von Geschehnissen als Privatsache

»Es geht mich nichts an, wenn andere Leute ein Thema miteinander haben. Ich mische mich nicht in die Privatangelegenheiten Dritter ein.«

Mangelndes Wissen darum, wie man handeln könnte

»Bevor ich alles noch schlimmer mache, tue ich lieber nichts. Dann kann ich auch nichts falsch machen.«

Unterschätzen der eigenen Möglichkeiten

»Ich kann hier eh nichts ausrichten.«

Mangelnde Bereitschaft, sich für andere und die Demokratie einzusetzen

»Jeder ist für sein eigenes Zeug verantwortlich«; »Wenn jeder an sich selbst denkt, ist allen geholfen«

Angst, etwas zu riskieren

»Ich habe keine Lust, für andere Leute eins auf die Fresse zu bekommen.«

Wer sich als Demokrat im öffentlichen Raum bewegt, sollte einen Plan haben, wie er reagiert, wenn Menschenrechte und Demokratie in Not geraten. Es ist vergleichbar mit dem Straßenverkehr: Wer mit einem Fahrzeug daran teilnimmt, muss zuvor einen Erste-Hilfe-Kurs besucht haben. Nur so ist gewährleistet, dass Fahrer wissen, was zu tun ist, wenn Mitmenschen in Not geraten. Erste Hilfe darf nicht der Intuition oder dem Zufall überlassen werden. Ebenso darf auch Zivilcourage nicht davon abhängen. Denn auch Zivilcourage kann man einüben: Indem man sich bereits vor dem Eintreten von Notsituationen Gedanken über Reaktions- und Handlungsmöglichkeiten macht und somit die Verteidigung demokratischer Grundwerte ›trainiert‹.

Trainieren wir also weiter. Bisher ging es um verbale Entgleisungen gegenüber Minderheiten, ohne verbale Angriffe auf konkrete Menschen. Aber wie kann man sich verhalten, wenn's dicker kommt und Personen direkt angegangen werden?

Dazu ein Gedankenexperiment: Supermarktkasse, Samstagvormittag. Eine längere Schlange schiebt sich langsam vorwärts Richtung Kasse. Mittendrin, händchenhaltend, zwei Männer. Einer gibt dem anderen beiläufig einen Kuss auf die Wange. Es handelt sich offensichtlich um ein homosexuelles Paar. Von etwas weiter hinten ruft ein Typ mit Bomberjacke: »*Widerliche Schwuchtel! Wird Zeit, dass mal wieder einer an die Macht kommt, der für Ordnung sorgt! Früher hätte man sowas wie euch eingesperrt!*«

Szenenwechsel, gleich noch ein weiteres Gedankenexperiment: An einer Haltestelle stehen einige Menschen und warten auf den Bus. Der kommt schließlich, ist aber bereits ziemlich voll. Die Menge steigt ein. Darunter eine Frau mit Kopftuch und Kleinkind auf dem Arm. Sie setzt sich auf den letzten freien Platz, nimmt ihre Tochter auf den Schoß. Eine Frau um die dreißig, die keinen Sitzplatz mehr ergattern konnte, baut sich vor der Mutter auf und ruft: »*Jaja, die scheiß Moslems. Bekommen in ihrer Heimat nix als Chaos und Krieg zustande, aber lassen sich dann zu uns schmuggeln und schmarotzen sich hier durch!*«.

Was also tun, wenn Menschen mit abwertenden Äußerungen direkt angegangen werden? Wie verhält man sich, wenn man unmittelbarer Zeuge homophober oder fremdenfeindlicher Aussprüche wird, und körperliche Gewalt nicht ausgeschlossen werden kann?

Wenn eine unbestimmte Gefahr für konkrete Personen in der Luft liegt, sollte man sich nicht mehr darauf konzentrieren, die Verrohung von Sprache und Menschen einzudämmen und deutlich zu machen, dass man mit menschenfeindlichen Äußerungen nicht einverstanden ist. Vielmehr richtet sich der Fokus nun darauf, tatsächliche körperliche Gewalt zu verhindern, die Situation zu deeskalieren und den verbal Angegriffenen Beistand zu signalisieren. Deshalb ist es empfehlenswert, sich mit Freundlichkeit einzumischen: Ruhig die Nähe des Opfers suchen, ein Gespräch über Belanglosigkeiten beginnen (»*Das Wetter ist mal wieder ganz schön wechselhaft, nicht wahr?!*«; »*Schöne Schuhe haben Sie da. Wo haben Sie die denn gekauft?*«) und den verbalen Pöbler dabei weitestgehend ignorieren. Die Unterhaltung am Laufen halten und nach Möglichkeit auch weitere dabeistehende Personen in das Gespräch mit einbeziehen. Damit weitermachen, bis der potentielle Angreifer fort ist, oder die Person an einen sicheren Ort begleiten. Dort dann nachfragen, wie es ihr geht, und sich auch wieder entfernen, wenn die Person dies wünscht.

Die Strategie für das couragierte Eingreifen ändert sich nochmals, wenn einer Person direkte körperliche Gewalt ausdrücklich angedroht wird (*»Hey du Neger, jetzt fängst du dir eine!«*) oder der Angreifer bereits handgreiflich geworden ist. Zivilcourage bedeutet in solchen Fällen nicht, selbst körperliche Gewalt zum Schutz Dritter anzuwenden. Den kraftstrotzenden Helden zu spielen nutzt niemandem und geht meist ins Auge. Vielmehr ist es wichtig, so rasch wie möglich Öffentlichkeit herzustellen, andere Passanten auf die Notsituation hinzuweisen und konkrete Hilfe zu organisieren. Damit das funktioniert, sollte man andere möglichst konkret und laut ansprechen: *»Sie, in der grünen Jacke, dort drüben wird gerade eine Person tätlich bedroht. Rufen Sie die Polizei.«* Dem Täter gegenüber sollte man unbedingt sachlich bleiben, nicht provozieren, nicht duzen. Es sollte für andere Umstehende deutlich werden, dass man selbst mit dem Täter nichts zu tun hat und um ruhige Distanz bemüht ist. Opfer und Täter sollte deutlich signalisiert werden, dass professionelle Hilfe unterwegs ist. Findet der Angriff in öffentlichen Verkehrsmitteln statt, sollte man die Notbremse betätigen. Züge, S- und U-Bahnen kommen dann nicht unmittelbar auf der Strecke zum Stehen, sondern erst an der nächsten Haltestelle, und verbleiben dort. Dann können weitere Menschen auf die Gefahrensituation aufmerksam gemacht und professionelle Hilfe organisiert werden.

Zivilcourage ist unverzichtbar für den Erhalt der Demokratie. Sie sichert das Überleben der Menschlichkeit und verteidigt den öffentlichen Raum gegen Willkür und das Recht des Stärkeren. Zivilcourage lohnt sich also. Wer sich im Alltag couragiert einsetzt, den Mund aufmacht oder anderweitig entschlossen handelt, wenn es darauf ankommt, setzt sich in vielfacher Hinsicht für die Demokratie ein: Menschen, ihre Würde und ihre Unversehrtheit werden verteidigt; Werte und Normen des Miteinanders werden vor Verrohung und Unmenschlichkeit geschützt; man wahrt den Respekt vor sich selbst beim Blick in den Spiegel; und manches Opfer wird durch couragierte Fürsprecher davor bewahrt, selbst in Verbitterung, Hass und Demokratiefeindlichkeit abzurutschen. Demokratische Zivilcourage lässt sich trainieren wie ein Muskel: Indem man für sich selbst klärt, wie man in entsprechenden Situationen couragiert reagieren kann.

Wenn in Not- und Bedrohungssituationen niemand reagiert, können die Täter dies als stillschweigende Zustimmung und somit als Ermutigung verstehen, sich weiter menschenfeindlich zu verhalten. Auf längere Sicht verschieben sich gesellschaftliche Normen so immer weiter ins Extreme, und Unrecht wird salonfähig. Kaum einer brachte diesen Zusammenhang so bedrückend auf den Punkt wie der deutsche Theologe und Widerstandskämpfer Martin Niemöller:

»Als die Nazis die Kommunisten holten, habe ich geschwiegen; ich war ja kein Kommunist. Als sie die Sozialdemokraten einsperrten, habe ich geschwiegen; ich war ja kein Sozialdemokrat. Als sie die Gewerkschafter holten, habe ich geschwiegen, ich war ja kein Gewerkschafter. Als sie die Juden holten, habe ich geschwiegen,

denn ich war ja kein Jude. Als sie mich holten, gab es keinen mehr, der protestieren konnte.«

Allein die Tatsache, dass die Gewalt der Stärkeren jederzeit auch einen selbst treffen könnte und man dann auf mutige Helfer angewiesen wäre, sollte für jeden ein Argument sein, Zivilcourage zu zeigen.

Die italienische Journalistin Franca Magnani schrieb einmal *»Je mehr Bürger mit Zivilcourage ein Land hat, desto weniger Helden wird es einmal brauchen.«* Einer dieser bewundernswert couragierten Bürger ist Markus Nierth. Er hat sich sehr konsequent geweigert zu schweigen und wegzusehen, als es darauf ankam. Als ehrenamtlicher Bürgermeister von Tröglitz in Sachsen-Anhalt setzte er sich zusammen mit seiner Frau Susanna für die Unterbringung von 40 Flüchtlingen im Ort ein. Nachdem die geplante Unterkunft durch einen Brandanschlag zerstört worden war, stellten sie privaten Wohnraum zur Verfügung. Damit widersetzten sie sich mutig den Anfeindungen und Drohungen durch fremdenfeindliche Bürger, NPD-Aktivisten und rechte Protestmärsche vor ihrem eigenen Haus. Das Ehepaar Nierth erhielt dafür 2017 den Luther-Preis »Das unerschrockene Wort«. Bei der Preisverleihung gelobte der Theologe, weiter seine Angst niederzudrücken und sich unerschrocken gesellschaftlich einzumischen »*... um auch in Zukunft in Freiheit in diesem Land leben zu können.«* Seine Erfahrungen hat er in dem Buch »Brandgefährlich: Wie das Schweigen der Mitte die Rechten stark macht.« niedergeschrieben.

Mach dich damit vertraut, wie du anderen und der Demokratie durch couragiertes Handeln einen Dienst erweisen kannst. Nichtwissen bewahrt dich nicht vor persönlicher Verantwortung.

*

Sei achtsam für das Geschehen um dich herum, denn es geht dich etwas an. Bagatellisiere Geschehnisse nicht leichtfertig, sondern erkenne ehrlich die Not von Menschen, die Missachtung demokratischer Werte und die Verrohung von Sprache.

*

Mach den Mund auf, wenn andere die Würde von Menschen oder Menschengruppen verletzen.

*

Lass dir nicht gefallen, wenn Normen und Werte schleichend verschoben werden oder durch Sprache Gewalt ausgeübt wird.

*

Zeige Initiative, gerade dann, wenn viele andere anwesend sind. Übernimm Verantwortung und handle.

*

Rede dich nicht damit heraus, dass dich Angelegenheiten oder Äußerungen anderer nichts angehen. Wenn Würde, Grundwerte oder Sicherheit berührt werden, geht das alle etwas an.

*

Sei bereit, persönliche Nachteile und Risiken in Kauf zu nehmen, aber spiele nicht den Helden. Handle überlegt und besonnen.

Das Internet zum Ort der Menschenwürde machen!

Wie reagiert man auf Hass und Enthemmung im Netz?

Im Internet wird über andere hergezogen, gepöbelt und hemmungslos gehetzt, dass es einem die Sprache verschlägt. Das Phänomen greift derart um sich, dass es einen eigenen Namen hat: »Hate Speech« – hasserfüllte Äußerungen mit dem Ziel der Verunglimpfung und Ausgrenzung von Menschen oder Personengruppen, bis hin zur Androhung von Gewalt. Häufig geht es gegen geflüchtete Menschen und Ausländer oder politisch anders Denkende. Die Kommentare sind mal sexistisch, mal rassistisch, mal antisemitisch, immer aber sind sie herabwürdigend. Der Ton wird in atemberaubender Geschwindigkeit rauer und hat längst alle moralischen Grenzen überschritten. Der Großmeister der Disziplin: Donald Trump.

Leider ist er bei weitem nicht der Einzige. Für immer mehr Menschen existieren im Web keine Hemmschwellen mehr. Dabei ist es nur ein geringer Teil der User, die tatsächlich Hasskommentare postet; sozusagen Profi-Hass-Poster. Dafür mit sehr hoher Frequenz und Intensität – ausreichend, um das Debattenklima im Netz zu vergiften. Ein großer Teil der Internetuser ist bereits zum Ziel übler Beschimpfungen. Besonders belastet sind Politiker und Journalisten – also all jene, deren Meinungen und Handlungen nicht allen passen, und diejenigen, die Vorurteilen sachliche Informationen und neutrale Berichterstattung entgegenstellen.

Wie kommt es zu Hate Speech? In Studien konnten verschiedene Mechanismen identifiziert werden, die zu dem erschreckenden Phänomen beitragen. Einerseits ist da der Schutz durch die Anonymität des Internets. Viele Hassposter fürchten keine Konsequenzen und lassen ihren üblen Empfindungen hemmungslos freien Lauf. Darüber hinaus reduziert das Netz das Verantwortungsgefühl für das eigene Tun – man ist Teil einer diffusen Masse. Es ist keine große Sache, die Finger über eine Tastatur gleiten zu lassen und Hass zu säen. Konsequenzen sind nicht ohne Weiteres spürbar und schon gar nicht körperlich zu erleben. Denn wer jemanden in der realen Welt absichtsvoll anrempelt, macht eine physische Erfahrung, fühlt sein Tun, sieht die Reaktion des anderen – und muss eine unmittelbare Reaktion fürchten. Vor einem Bildschirm sind Menschen jedoch gewissermaßen entkörperlicht. Und auch das Leid, das man anderen antut, ist nicht spürbar. Dass da tatsächlich ein anderer Mensch ist, der den Hass voll auf die Zwölf bekommt, ist nicht unmittelbar sichtbar. Der Andere als menschliches, fühlendes Wesen bleibt abstrakt.

Andererseits kann Anonymität nur für einen Teil der Täter als Erklärungselement dienen. Denn sehr viele posten ihren Hass geradezu stolz unter ihren Klarnamen. Viele Hater sehen sich als Opfer der Umstände und finden es mutig und ehrenvoll, die „Wahrheit" zu sagen. Sie wollen sich von »denen da oben« nicht »einschüchtern« lassen. Sie wollen durch ihr Handeln dazu beitragen, dass »endlich wieder gerechte Verhältnisse« geschaffen werden, in denen auch sie wieder die ihnen zustehende Anerkennung erhalten. Und überhaupt: „Das wird man doch noch sagen dürfen."

Vorurteile sind die wichtigste Grundzutat für den Hass – hier einige Klassiker:

- Emanzipierte Frauen machen dem Mann seine Rolle streitig.
- Homosexuelle bedrohen und entwerten das klassische Familienmodell.
- Südeuropäer sind faul und wollen auf Kosten der fleißigen Mittel- und Nordeuropäer leben.
- Die Flüchtlinge kommen zu uns, um unseren Sozialstaat auszunutzen. Sehr viele von ihnen sind Kinderschänder, Vergewaltiger und Diebe.
- Aus „politischer Korrektheit" verzichtet der Staat auf eine angemessene Verbrechensbekämpfung.
- Juden streben zusammen mit Politikern, Bankern und mit Unterstützung einer gleichgeschalteten Lügenpresse nach der Macht über das deutsche Volk, wenn nicht über die ganze Welt.
- Der Klimawandel ist eine Erfindung hysterischer Umweltschützer (oder der Chinesen).

Auf dem Boden solcher Ressentiments gedeihen Gefühle intensiver Bedrohung. Das Resultat ist Angst – und damit sinkt die Fähigkeit zum differenzierten Nachdenken und Hinterfragen der eigenen Annahmen in den Keller, was Vorurteile weiter bestärkt und immunisiert: ein Teufelskreis. Wer derart mit sich selbst beschäftigt und von Ängsten besessen ist, erfüllt schon rein neurophysiologisch nicht mehr die nötigen Voraussetzungen, um die Empathiemodule im Gehirn nutzen zu können. Der Andere wird nur noch als Objekt (»Kakerlake!«, »Stück Dreck!«) wahrgenommen – und nicht mehr als Mensch mit Gefühlen. Damit ist der Schritt heraus aus der lähmenden Angst und hinein in den kraftvollen, vitalisierenden Hass auf *das* Andere nur noch ein sehr kleiner – Attacke statt Flucht! Zunehmend entwickelt sich eine digitale Parallelwelt von Hass und Kampf. Gewissermaßen ergibt sich aus der verhängnisvollen Kette von Vorurteilen, Bedrohungsgefühl und Angst ein zwingender Schluss: *»Wir oder die. Es geht um alles.«* Und das rechtfertigt fast alles – auf jeden Fall aber vieles.

Durch die digitalen Medien hat die sprachliche und emotionale Verrohung eine nochmal neue, besonders gefährliche Qualität erhalten. Die Angriffe gegen Menschen und Werte kommen aus der Unbestimmtheit des digitalen Raumes und treffen die Opfer meist schutzlos und häufig unvorbereitet. Man kann die Täter nicht direkt erreichen und konfrontieren; sie können nicht leicht gesellschaftlich eingehegt und auf Werte des sozialen Miteinanders verpflichtet werden. Hasskommentare sind rasch retweetet – die Gefahr rasanter viraler Ausbreitung ist enorm.

Aber warum ist die digitale Verrohung eigentlich eine unmittelbare Bedrohung für die Demokratie? Weil Menschen herabzuwürdigen deren Würde verletzt und damit die wichtigste Voraussetzung der Demokratie: die gegenseitige, voraussetzungsfreie Anerkennung als vollkommen gleichwertige Menschen. Das demokratische Gemeinwohl beruht maßgeblich auf dem vernünftigen Austausch von Argumenten. Hasskommunikation zerstört diese unabdingbare Grundlage, da sie die Beziehungen zwischen den Menschen erodieren lässt. Hasssprache spaltet und blockiert vernünftige demokratische Diskurse. Die Angst davor, (wieder und wieder) Ziel von Hass und Gewaltandrohung zu werden, führt zum Rückzug der Besonnenen aus der öffentlichen Kommunikation. Fakten und Meinungsäußerungen, die Vorurteilen entgegenwirken, drohen so immer leiser und seltener zu werden – bis sie möglicherweise ganz verstummen.

Hinzu kommt: Das Netz wird zum Testfeld, zu einer Art enthemmendem Trainingsplatz für reales Verhalten, zum Katalysator für Verrohung unterschiedlichster Art. Die »Hater« fühlen sich durch Likes bestätigt; oder schon einfach deswegen ermutigt, ihren Hass weiter von der Leine zu lassen, weil sie noch viel zu oft keinen Widerspruch erfahren. Dadurch verschiebt sich die Norm des Sag- und Machbaren immer weiter, die Enthemmung nimmt zu und wird zum gefährlichen Modell für andere. Wer im Netz mit Hasskommentaren „ankommt", fühlt sich bestärkt, seinen Hass auch in der realen Welt kundzutun und sich entsprechend zu verhalten. In den Hallräumen des Internet wird der Hass wie in einem Inkubator ausgebrütet, droht von dort ins echte Leben zu schlüpfen und schließlich gar zu körperlich gewalttätigem Verhalten zu mutieren.

Das reale und das virtuelle Leben verschmelzen zunehmend miteinander, was schon daran zu erkennen ist, wie viele Menschen im öffentlichen Raum ständig auf ihr Handy schauen. Das begünstigt Ungeduld, Oberflächlichkeit und emotionale Verflachung. Die Symptome der digitalen Verrohung werden immer massiver sichtbar, breiten sich aus, beschränken sich nicht auf Hasskommentare - wenngleich diese das bekannteste Phänomen sind. Zunehmend wird die Würde von Menschen auch durch Handyvideos und deren Verbreitung im Netz massiv verletzt. Pädophile Täterkreise haben es im Darknet vorgemacht, dann hat der IS mit Köpfungsszenen auf Youtube nachgezogen. Und heute zeigen auch Mitglieder der ganz »normalen« gesellschaftlichen Mitte erschreckende Symptome der Verrohung:

- Verprellte Expartner stellen intime Fotos ihrer Verflossenen im Web auf digitale Pranger.

- Männer filmen auf der A60 bei Ginsheim einen brennenden LKW, während Ersthelfer vergeblich versuchen, den eingeklemmten Fahrer zu retten.

- Schaulustige vor einem Hotel in Baden-Baden fordern mit gezückter Handykamera einen lebensmüden Mann auf, zu springen. Rettungskräfte können das Unglück gerade noch abwenden.

- Gaffer filmen ein kleines Mädchen, das nach einem Verkehrsunfall im Sterben liegt.

- Eine 18-jährige filmt nach einem Verkehrsunfall lieber ihre sterbende Schwester und streamt das Video auf Instagram, anstatt Hilfe zu rufen.

Viele Rettungskräfte machen regelmäßig die Erfahrung, dass die Aufnahmen von Unglücksfällen schneller im Netz landen, als sie von ihren Einsätzen zurück auf die Wache kommen. Im Angesicht solcher Entwicklungen ringt man um Fassung. Klar: Das Rohe, die Lust am Leiden des Anderen, ungezügelter Hass – das alles ist schon immer ein Teil des Menschen gewesen. Aber erst das Digitale setzt die über Jahrhunderte erkämpften gesellschaftlichen Mechanismen der sozialen Eingrenzung des Rohen in beunruhigendem Maße außer Kraft. Das Rohe im Menschen ist ein Teil, der dauerhaft eingehegt werden muss und nie endgültig bekämpft sein wird.

Wie also kann man mit der Verrohung im Netz umgehen? Wie bekämpft man Hate Speech? Das Phänomen einfach zu ignorieren hilft nicht. Es breitet sich so oder so immer weiter aus und verändert die Gesellschaft zum Schlechten – nicht nur virtuell.

Natürlich wäre es erfreulich, den einen oder anderen Hater aus seinem Teufelskreis herausholen zu können: man könnte ihn nach seinen Befürchtungen befragen und ihn ermutigen, sich mit seinen Ängsten auseinanderzusetzen; ihm dabei helfen, Vorurteile zu erkennen und zu hinterfragen; ihn einladen, das Fremde als Chance zur Bereicherung des eigenen Lebens zu begreifen; ihm vor Augen führen, dass andere Netznutzer nicht abstrakt, sondern fühlende Menschen aus Fleisch und Blut sind. Meist wird das aber Wunschdenken bleiben. Hat der Hass bereits Fahrt aufgenommen und wird zur Mission, kann man häufig nur noch versuchen, seine weitere Verbreitung zu begrenzen.

Heute wissen wir, dass Vorurteile und Rassismus vor allem dort entstehen, wo wenig oder kein Kontakt mit anderen Gruppen stattfindet. Die Fremdenfeindlichkeit ist nicht in Mannheim, Duisburg oder Berlin am größten, sondern in den ostdeutschen Flächenländern – also dort, wo kaum

Ausländer leben. Genaugenommen wissen wir das schon ziemlich lange. Bereits der römische Komödiendichter Titus Maccius Plautus schrieb vor über zweitausend Jahren: »*Lupus est homo homini, non homo, quom qualis sit non novit.*« - »*Ein Wolf ist der Mensch dem Menschen, kein Mensch, wenn man sich nicht kennt.*« Was also hilft, ist klar: Begegnung; die Vorbeugung und Auflösung von Ghettoisierung; gemeinsames Leben und Arbeiten; viele Möglichkeiten zum Miteinander. Der Abbau von Vorurteilen ist eine gesamtgesellschaftliche Aufgabe und eine Frage der politischen Steuerung.

Was aber kann jeder einzelne tun, um Hate Speech zu begegnen? Die Möglichkeiten des Handelns lassen sich in drei Bereiche einteilen: Soziale Eindämmung; Sanktionierung; Opfer- und Selbstfürsorge. Der Reihe nach:

Wo und wann immer möglich, sollte man Hass sozial eindämmen und ihm den Raum zur Ausbreitung entziehen. Viele Foren haben eine »Netiquette«, Chats eine »Chatiquette« – digitale Benimmregeln. Halten sich Teilnehmer nicht daran, kann man sie auf die Regeln hinweisen und deren Einhaltung anmahnen. Wer selber entsprechende Formate betreibt, sollte nicht zögern, Verstöße konsequent zu ahnden und Hater zu sperren.

Sehr gut funktioniert die soziale Eindämmung von Hass immer dort, wo die Kommunikation durch einen Moderator geordnet und gegen Auswüchse geschützt wird. Müssen Beiträge durch diesen erst freigeschaltet werden, wird der Fluss der Kommunikation gleichzeitig auch entschleunigt und kann sich nicht ungehemmt ausbreiten. Wird ein unmoderierter Ort im Netz mit Hass übergossen, besteht die

Möglichkeit, sich mit anderen »anständigen« Netzteilnehmern abzusprechen, um in ein moderiertes Forum umzuziehen oder ein solches zu gründen. Dann haben alle die Wahl: sich zukünftig an die Regeln halten oder außen vor bleiben.

Nicht immer gibt es Verhaltensregeln oder die Möglichkeit der Moderation. Dann ist es wichtig, den Hatern durch eindeutigen Widerspruch (»Counter-Speech«) die Möglichkeit zu nehmen, das Schweigen der anderen als stille Zustimmung zu deuten. Das birgt zwar das Risiko, selbst ins Fadenkreuz des Hasses zu geraten und kostet von daher etwas Mut. Aber Menschenrechte und Demokratie gibt es nicht zum Nulltarif. Manchmal haben sich bereits andere Netzteilnehmer ein Herz gefasst und Hater auf ihr ungebührliches Verhalten hingewiesen. Das verdient dann Zuspruch und Unterstützung; und wenn man einfach nur entsprechende Posts liked. Die Hasserfüllten machen (bislang) nur einen Bruchteil der Teilnehmer im Netz aus. Sie stehen einer Vielzahl stiller Mitleser gegenüber. Diese gilt es zu aktivieren: *»Sehr geehrter Herr X, Ihr Kommentar gegenüber Ausländern ist unangemessen und rassistisch. Ich möchte Sie bitten, sich anständig zu verhalten. Wer hier im Forum denkt noch, dass solche abwertenden Kommentare hier nichts zu suchen haben?«*

Letzten Endes muss man leider davon ausgehen, dass Hater nicht leicht »umzudrehen« sind und allein durch einen höflichen, aber bestimmten Widerspruch zu anständigen Menschen mutieren. Aber man kann sehr wohl verhindern, dass die vielen Unentschlossenen Hass als funktionierendes soziales Modell erleben, sich anstecken lassen und auch den Weg des Hasses einschlagen. Auf keinen Fall sollte man sich selbst zu ungebührenden

Beleidigung (§185 StGB)

Eine Beleidigung ist ein Angriff auf die Würde einer Person, z.B. durch ehrverletzende unwahre Tatsachenbehauptungen (*„Du Inzestgeburt!"*) oder ehrverletzende Werturteile (*„Kanake!"; „Idiot!" „Fick doch deine Mutter, du Vaterlandsverräter!"*). Bei der Bewertung, ob eine Beleidigung vorliegt, kann auch das Duzen eine Rolle spielen, wenn dadurch soziale Herabwürdigung zum Ausdruck gebracht werden soll.

Üble Nachrede (§186 StGB)

Hierbei handelt es sich um die Verbreitung verächtlich machender, unwahrer Äußerungen über Dritte. Dabei werden Personen öffentlich herabgewürdigt oder als unsittlich dargestellt (*„Die X lässt sich jede Nacht von einem anderen Ausländer vögeln!"*). Spekulationen werden häufig zu Tatsachen verdreht (*„Die Polizei war bei den Asylanten. Das war, weil die mit Drogen handeln!"*).

Verleumdung (§187 StGB)

Auch hier handelt es sich um unwahre Tatsachenbehauptungen gegenüber Dritten. Anders als bei der üblen Nachrede weiß der Täter hier aber nachweislich, dass er Unwahrheiten verbreitet. Es werden also bewusst Lügen über Menschen verbreitet, um sie in der öffentlichen Wahrnehmung herabzuwürdigen (*„Der X treibt's mit Kindern!"*).

Volksverhetzung (§130 StGB)

Volksverhetzung liegt vor, wenn ein ganzer Bevölkerungsteil öffentlich beschimpft, gegen ihn zum Hass aufgewiegelt oder zu Gewaltmaßnahmen aufgerufen und dadurch das gesellschaftliche Zusammenleben gefährdet wird (*„Die Ausländer in Deutschland sind eine Invasion von Sozialparasiten!"; „Ich bin dafür, dass wir die Gaskammern wieder öffnen und die ganze Brut da reinstecken!"*). Strafbar macht sich auch, wer ganzen Bevölkerungsgruppen die Menschenwürde abspricht (*„Das sind alles Tiere!"*) oder Falsches über sie behauptet (*„Die Neger sind von Natur aus triebgesteuert und können gar nicht anders als zu vergewaltigen!"*).

>

Nötigung (§240 StGB)

Nötigung ist eine Straftat gegen die persönliche Freiheit eines Menschen mittels Drohung oder Gewalt, indem versucht wird, sein Wollen zu beugen und ihm ein anderes Verhalten aufzuzwingen (*„Wenn du nicht aufhörst, dich für das Pack einzusetzen, polier ich dir die Fresse!"*). Die Drohung oder Gewalt muss dabei als allgemein sozial verwerflich angesehen werden (Bsp.: Ein vom Lehrer angedrohter Klassenbucheintrag bei weiterer Störung des Unterrichtes genügt nicht.).

Bedrohung (§241 StGB)

Bei einer Bedrohung fällt die „wenn du nicht … dann … " - Komponente wie bei der Nötigung weg. Es wird direkt und unbedingt gedroht: *„Ich werde dich erwischen, du Penner, und dich umlegen!"*; *„Du wirst nirgends vor uns sicher sein! Du wirst verbluten wie ein abgestochenes Schwein!"*

Öffentliche Aufforderung zu Straftaten (§111 StGB)

Die Aufforderung zu Straftaten ist strafbar, auch wenn der Anstifter selbst sich nicht beteiligt. Wütende, hasserfüllte Kommentatoren rufen gerne einmal zu rechtswidrigen Taten auf, entweder gegen missliebige Personen und Gruppen (*„Lasst uns diese volksfeindlichen Gutmenschen aufknüpfen!"*), oder auch gegen Institutionen (*„Jeder echte Deutsche muss mithelfen, die Büros der Lügenpresse dem Erdboden gleichzumachen!"*).

Kommentaren und dem Verlust des eigenen Anstands hinreißen lassen. Denn nur der, dem es gelingt, auch mit seinen Gegnern anständig zu reden, demaskiert ihre Unanständigkeit.

Hate Speech ist kein Debattenbeitrag und auch keine harmlose Meinungsäußerung, sondern sehr häufig ein Straftatbestand, der juristisch verfolgt und sanktioniert gehört (siehe Infokasten). Wer Zeuge oder Opfer von Gewaltandrohungen im Netz wird, sollte Screenshots davon machen und diese an die Inhaber des Gewaltmonopols weiterleiten: den Staat. In vielen Bundesländern unterhält die Polizei entsprechende Online-Dienststellen, bei denen unkompliziert Anzeige erstattet werden kann. Daneben verpflichtet das 2017 beschlossene Netzwerkdurchsetzungsgesetz die Betreiber sozialer Netzwerke, offensichtlich strafbare Inhalte binnen 24 Stunden nach Eingang einer Beschwerde zu löschen. Bei weniger eindeutigen Fällen gilt eine Frist von sieben Tagen. Facebook, Twitter und andere Netzkonzerne müssen entsprechende Stellen unterhalten, an die man sich direkt wenden kann.

Menschen, die das Ziel von Hass geworden sind, haben ein Recht auf Unterstützungsangebote, Zuspruch und Fürsorge. Denn die mit Hate Speech einhergehenden psychischen Belastungen können enorm sein. Soziale Eindämmung und strafrechtliche Verfolgung können eine gewisse Unterstützung und Genugtuung sei, reichen aber nicht immer aus. Vielen hilft eine Haltung der radikalen Akzeptanz: Scheiße passiert und kann immer wieder passieren – es ist angemessen, traurig darüber zu sein. Parallel dazu hilft es den Fokus zu verändern und zu schauen, welche Dinge man tatsächlich zum Besseren wenden kann – anstatt zu resignieren.

Viele Hater wollen andere psychisch treffen und zu Opfern machen. Emotionale Distanz und Humor auf Seiten der Angesprochenen kann dafür sorgen, dass der Hass kein Ziel findet und ins Leere läuft.

Die Politikerin Renate Künast zeigt, wie das gehen kann. Sie verwendet eine paradoxe Strategie und gibt Hatern online eine augenzwinkernde Anleitung (»Hass-Tool«), wie man entsprechende Kommentare an sie verfassen kann.

Ähnlich paradox funktioniert »HASS HILFT – die erste unfreiwillige online-Spenden-Aktion«. Hass-Kommentare auf Facebook werden durch diese schlaue Aktion jeweils in 1€-Spenden für Flüchtlingsprojekte und eine Initiative gegen Rechts umgemünzt (hasshilft.de).

Die Onlinesatiriker »Datteltäter« machen sich mit ihren Youtube-Videos über religiöse und kulturelle Vorurteile und Klischees lustig. Hasskommentare, die sie für ihre Arbeit zuhauf erhalten, führen sie in gesonderten Videos vor und bringen das Zwerchfell zum Beben – sehr sehenswert (datteltäter.de).

Die Initiative »no-hate-Speech« wirbt für Freundlichkeit im Netz und nimmt Hatern mit ihren witzigen Youtubevideos aus dem »Bundestrollamt für gegen digitalen Hass« aufs Korn (now-hate-speech.de).

Und die New Yorkerin Kat Thek hat den Hass im Internet in eine fruchtbare Geschäftsidee transformiert: Mit ihrer »Troll Bäckerei und Detektivagentur« bietet sie Empfängern von Hassbotschaften an, den Tätern eine süße Antwort zu schicken und somit Hass in Freude umzuwandeln. Die Hasskommentare werden mit essbaren Buchstaben auf leckere Kuchen aufgebracht und den Hatern zugestellt, deren Adressen sie gerne als Zusatzleistung mit detektivischem Eifer recherchiert. Donald Trump hat auch schon einen bekommen (trollcakes.com).

Ungebremster Hass im Netz – ein guter Anlass, um seinen humorvollen, freundlichen und kreativen Seiten freien Lauf zu lassen, sich für die Demokratie ins Zeug zu legen und dabei gelegentlich sogar ordentlich Spaß zu haben.

Hass ist keine Meinungsäußerung und kein Debattenbeitrag!

*

Verweise auf vorhandene Benimmregeln.

*

Widersprich Hasskommentaren – egal ob sie gegen dich
oder andere gerichtet sind.

*

Aktiviere stille Mitleser gegen den Hass.

*

Unterstütze andere, die sich gegen Hasskommentare
einsetzen.

*

Wenn der Hass ein strafrechtlich relevantes Ausmaß hat:
Sichere Beweise mittels Screenshots, schalte die Polizei ein
und fordere die Betreiber sozialer Medien zur Löschung
entsprechender Beiträge auf.

*

Akzeptiere, dass es immer wieder Menschen voller Hass gibt.

*

Gönne dir emotionale Distanz. Vergiss deinen Humor nicht!
Schau dir witzige Videos an, in denen dem Hass im Netz
eine lange Nase gedreht wird.

*

Unterstütze andere, die Opfer von Hass und Shitstorms
geworden sind.

„Spinnst du jetzt völlig, Papa?!"

November 2016, Spätnachmittag, Berlin, familiäre Wohnzimmeratmosphäre. Einige junge Leute sitzen mit sorgenvollen Mienen im »Lerchen & Eulen«, einer weltoffenen Kneipe in Kreuzberg. Seit Jonathan, Olivia, Liam (Namen geändert) und die anderen vor ein paar Jahren aus den USA zum Studium nach Deutschland gekommen sind, ist nichts mehr, wie es war. Gerade hat Donald Trump die Wahlen gewonnen und mit seinen Hasstiraden und nationalistischen Drohgebärden, seinen Starker-weißer-Mann-Allüren und seinem Sehnsuchtsopium der Marke »Make-America-Great-Again« Abermillionen Menschen für sich und seine egomane Sucht nach Größe eingenommen. Gnadenlos hat er seine wirren Twitterbotschaften tausendfach entlang vorhandener und selbst provozierter Perforationslinien in die nordamerikanische Gesellschaft hineingetrieben, unablässig, tiefer und tiefer. Mit Schrecken sehen die Studenten nun auf das bevorstehende wichtigste amerikanische Fest, Thanksgiving, und damit auf den Besuch bei der Familie in der Heimat. Was die Sache so heikel macht: Nicht nur irgendein befremdlich großer Teil der amerikanischen Bevölkerung scheint diesem schwer gestörten Scharlatan den eigenen demokratischen Verstand bereitwillig als Opfergabe dargebracht zu haben, sondern auch viele Mitglieder des eigenen Familien- und Bekanntenkreises. In wenigen Stunden wird der Atlantik als natürliche emotionale Distanzierungshilfe zwischen den schauderhaften Realitäten in der

Heimat und dem Leben in der deutschen Hauptstadt wegfallen. Kein Truthahn könnte so groß, keine Festtafel so reich gedeckt sein, um die offenkundigen Risse am Familientisch zu kaschieren. Der Eklat scheint auf die Studenten zuzurasen wie ein ICE mit Höchstgeschwindigkeit auf einen Kopfbahnhof. Wie sollen sie sich auf diese Begegnungen nur vorbereiten? Oder sollen sie versuchen, der Konfrontation aus dem Weg zu gehen? Vielleicht hilft irgendeine Notlüge, eine Ausweichmöglichkeit ... Aber hilft das auf Dauer?!

Ähnlich geht es zahllosen türkischstämmigen Deutschen, die mit Schaudern feststellen müssen, wie ihre Liebsten Recep Tayyip Erdoğan bereitwillig den Steigbügel in die autokratische Alleinherrschaft halten. Viele, die diesen nationalistischen Weg nicht mittragen wollen, kommen in üble Zwickmühlen: Outen sie sich als Gegner Erdoğans, müssen sie befürchten, von großen Teilen der türkischen Gemeinde geschnitten, in der Familie ausgegrenzt, im Geschäftsleben ausgeschlossen und von feurigen Erdoğananhängern gar offen angefeindet und attackiert zu werden. Soll man seinem Bruder mit AKP-Parteibuch wirklich sagen, dass man nicht für das »Präsidialsystem« gestimmt hat? Immerhin hat Erdoğan ihm eingeschärft, dass nur Terroristen mit ›Nein‹ stimmen. Aber einfach gar nichts sagen ...?!

Konsequenterweise verschonen die tektonischen Verwerfungen der westlichen Gesellschaften nicht einmal die Familien der Anführer völkisch-nationalistischer Bewegungen: Das Verhältnis von Marine Le Pen zu ihrem Vater Jean-Marie Le gilt seit langem als zerrüttet. Er war selbst ihr zu radikal – wenn auch vielleicht nur aus kaltem Kalkül. Der eigene Wille zur Macht begünstigte mit Sicherheit ihre kreidefressende Anbiederung an das Bürgertum. Auch in den Familien von deutschen Rechtsnationalisten gibt es Verwerfungen.

Die ehemalige AfD-Frontfrau Frauke Petry und der Vater von vier ihrer Kinder, Pastor Sven Petry, hatten sich gleich ganz für getrennte Wege entschieden und sich scheiden lassen. Er ist jetzt CDU-Mitglied und steht offen zur Flüchtlingspolitik der deutschen Kanzlerin. Ein weiterer Mensch mit ernstzunehmenden christlichen Werten im moralischen Kompass, die Pfarrerin Dorothea Gauland, äußerte über die politischen Standpunkte ihres AfD-Vaters Alexander Gauland, sie finde es schrecklich, was er sage. Sie selbst hatte einen Flüchtling aus Eritrea bei sich aufgenommen. Er hingegen redete davon, dass die Leute einen Boateng nicht als Nachbarn haben wollen. Was war nur aus ihrem Vater geworden? Er war nicht immer so, schien aber immer radikaler zu werden (siehe ZEIT-MAGAZIN 10/2016).

Die Diskrepanzen im Selbstverständnis der westlichen Welt sind längst in unzähligen, vermeintlich ganz normalen mitteleuropäischen Familien angekommen. Kinder, deren Eltern und Großeltern die AfD in Deutschland, Wilders in den Niederlanden, die FPÖ in Österreich oder die Schweizerische Volkspartei unterstützen, müssen erfahren, wie ihre ruhig und sachlich vorgetragenen Argumente für die und Sorgen um die Demokratie mit ›größerer Lebenserfahrung‹ und wilden Bedrohungsszenarien von ›Fluten raubender, vergewaltigender und bombender Migranten‹ hinweggewischt werden. »Mein Vater hat die AfD gewählt. Und wie die meisten einfach nur aus Trotz und Protest. Ich kann so viel Dummheit auf einem Haufen nicht ertragen und jetzt auch noch mein Vater. ... Ich habe Angst davor ...« So versucht Katha sich ihre Sorgen und Ängste in einem Internetforum für Kinder von der Seele zu schreiben. Katha ist 14 Jahre alt. Andernorts bangen Eltern um ihre Kinder, die sich auf Flirts mit rechten Nationalisten, linkradikalen Autonomen, gewaltbereiten Salafisten oder anderen Menschenfängern eingelassen haben. Hilflos fragen sie sich, was sie tun können, um ihre Kinder nicht endgültig zu verlieren.

Offensichtlich sind die westlichen Gesellschaften dabei, sich zunehmend von sich selbst zu entfernen, aufzuspalten und immer tiefere Gräben auszuheben. Immer deutlicher zeigen sich Risse auch im privaten Umfeld. Vormalige Bekannte gehen auf Distanz, Freunde verlieren sich aus den Augen, Familienmitglieder werden sich fremd. Unvermittelt entstehen im Alltag schwierige, manchmal unlösbar scheinende Spagat-Situationen zwischen privatem und politischem Ich: Wenn ich wirklich hinter den Menschenrechten stehe, kann ich dann weiter Umgang mit meinem homophoben, ausländerfeindlichen Onkel pflegen? Wie soll ich Bekannten entspannt in die Augen schauen, wenn sie offen für die Todesstrafe werben und sich nach einem starken Führer sehnen, der endlich einmal aufräumt? Was mache ich, wenn meine Geschwister oder Schwager davon reden, dass man der Lügenpresse das Maul stopfen sollte? Wie verteidigt man die Demokratie gegen Angriffe aus der eigenen Familie?

Ein erster, nachvollziehbarer Reflex: Rückzug aus Beziehungen, wenn das Gemeinsame schwindet. Wozu sollte man sich noch mit Menschen abgeben, mit denen man keine wichtigen Werte mehr teilt? Sind Streit oder aber die Tabuisierung aller Uneinigkeiten da nicht vorprogrammiert? Muss man sich nicht antun, oder?!

Sollte man aber doch - auch wenn es sehr anstrengend ist. Denn gegen eine Abschottung spricht vieles:

Der übergeordnete Wert demokratischer Beziehungen liegt nicht in erster Linie darin, sich in Gemeinsamkeiten zu sonnen, sondern Andersartigkeit zu ertragen. Man erkennt sich selbst im anderen, indem man ihn als anders erkennt und aushält - auch wenn es bitterlich schmerzen kann. Dieser Schmerz ist der Preis der Demokratie.

Auch in der europäischen „Familie" mit ihren vielen unterschiedlichen Mitgliedern reißen Vorwürfe, Vorhaltungen, Abwertungen oder einfach nur Desinteresse Verbindungen auseinander und lassen Gesprächskanäle kollabieren. Istanbul hat auf Geheiß Erdoğans seine Städtepartnerschaft mit Rotterdam aufgekündigt, die Partnerschaften zwischen Burgdorf bei Hannover sowie dem gleichnamigen Ort in der Schweiz und Rheden in den Niederlanden wurden beendet, das französische Bandol zeigt kein Interesse mehr am badischen Wehr, die tonangebenden Tories im Rat des englischen Bishop's Stortford erklärten ihre Partnerschaften zu Friedberg in Hessen und Villiers-sur-Marne in Frankreich für »nicht mehr relevant«. Auch Doncaster, Wallingford oder Neath Port Talbot haben ihre vielen Städtepartnerschaften mit Kontinentaleuropa gekündigt. Die Liste ließe sich fortsetzen.

Doch der bürgerliche Wille zum familiären Brückenschlag in Europa lebt. Vieltausendfach zieht sich ein feines Netz tragfähiger Beziehungen über den Kontinent und darüber hinaus und wird täglich weiter gewebt – trotz oder gerade wegen aller Unterschiedlichkeiten. Politiker, Schulen, Vereine, Unternehmen, unzählige Privatpersonen – jeder kann seinen Teil zum Brückenbau beitragen.

Die Familie (abgesehen vom Partner) kann man sich nicht aussuchen, ebenso wenig die Mitglieder der eigenen Gesellschaft oder die Nachbarländer in Europa und der Welt. Sie sind nun mal da, ob man will oder nicht. So schwer es manchmal fällt: Die Demokratie ist darauf angewiesen, in Vorleistung zu gehen, den Gesprächsfaden mit dem anderen immer wieder aufzunehmen und zu versuchen, dieses Gesprächsangebot nicht abreißen zu lassen. In der hartnäckigen Einladung zum Kontakt mit dem anders Denkenden zeigt sich die Wehrhaftigkeit der Demokratie.

Robert Sauerborn aus Worms ist Student, bezeichnet sich als »linksliberal«, sein Vater unterstützt hingegen die AfD. Beide suchen immer wieder das Gespräch miteinander – auch wenn es weh tut. Der Sohn rät, politisch statt persönlich zu streiten, diese beiden Ebenen zu trennen. Dies setzt natürlich voraus, dass alle Gesprächspartner bereit und fähig sind, einen solchen Unterschied auch zu machen, was nicht immer gegeben ist. Der Vater empfiehlt, Konflikte in gegenseitigem Respekt auszuhalten, auch wenn man sie nicht gelöst bekommt (siehe DIE ZEIT vom 30.6.2016).

Auch Dorothea Gauland ist von der Einsicht getragen, dass man nicht alles ausdiskutieren kann und dass man akzeptieren muss, dass andere Menschen andere Standpunkte einnehmen. Experten für die Beratung von Familien, deren Angehörige sich extremistischen Weltanschauungen zuwenden, mahnen zur Besonnenheit. Gegenseitige Abwertungen, Ultimaten und Verbote treiben Eskalationen nur weiter an, begünstigen emotionale Kurzschlüsse und unüberlegtes Handeln. Vielmehr geht es darum, überhaupt im Gespräch zu sein, im besten Fall sogar positiv besetzte gemeinsame Zeiten zu erleben. Dafür lohnt es sich, immer wieder nach gemeinsamen Ebenen zu suchen. Man kann sich das wie zusammenhaltende Klammern um gegenwärtig nicht auflösbare Gleichungen vorstellen.

Gegen das Auseinanderdriften der westlichen Gesellschaften, das Misstrauen gegenüber demokratischen Errungenschaften wie der freien Presse oder unabhängigen Gerichten kann man etwas tun – auch und gerade an der Familienfront und im Bekanntenkreis.

Bleibe mit ›Demokratie-Abtrünnigen‹ in Kontakt. Lass den Faden nicht abreißen. Halte Beziehungen so lange wie möglich aufrecht oder versuche sie wiederherzustellen. Alles ist besser, als nicht mehr miteinander zu reden. Halte Ausschau nach gemeinsamen Interessen, verbindenden Werten und kleinsten gemeinsamen Nennern.

*

Stehe selbstbewusst – niemals aber überheblich oder arrogant – zu deinen demokratischen, liberalen Werten und der offenen Gesellschaft.

*

Stelle Fragen, statt immer wieder nur deine eigenen Standpunkte zu wiederholen. Interessiere dich für die Ansichten
deines Gegenübers. Welche Beweggründe und Bedürfnisse
stecken hinter extremen Äußerungen? Welche Sehnsüchte
und Befürchtungen?

*

Frage dich selbst, wofür es gut sein könnte, solche
Positionen zu vertreten. Versuche zu verstehen – gerade
dann, wenn sich alles in dir sträubt. Aber lass dich nicht
einwickeln!

*

Höre zu, frage nach und sammle dadurch ›Kredit‹. Das
erhöht die Chance, dass auch dir irgendwann vielleicht
zugehört wird. Denn häufig erleben Demokratie-Dissidenten
irgendwann Irritationen ihres Weltbildes. Gut, wenn es
dann noch Gesprächskanäle zu Menschen gibt, die mit
beiden Beinen auf demokratischem Boden stehen – wie eine
Tür in die Freiheit, die einen Spalt weit offenbleibt und
wieder aufgestoßen werden kann.

Stärkung der demokratischen Immunabwehr

Was tun gegen populistische Verführungskünstler?

Andreas, wie ich meinen Bekannten hier nennen will, geht es eigentlich gut; er ist gesund, hat sich einen bescheidenen Wohlstand aufgebaut, zahlt zusammen mit seiner Partnerin eine kleine Eigentumswohnung ab, besitzt ein paar Aktien als Vorsorge für das Alter. Ich kenne ihn seit fast dreißig Jahren – vielleicht hat mich sein Wandel gerade deshalb so umgehauen. Politisch stand er nie klar links oder rechts; er war eher der Typ Wechselwähler. An gesellschaftlichen Themen war er zwar stets moderat interessiert; überengagiert oder emotional aufgebracht war er jedoch nie. Es gab immer eine gesunde Distanz zwischen ihm und der äußeren Welt. Das hat sich nun deutlich geändert – der ganze Andreas hat sich geändert. Die weltpolitische Entwicklung der letzten Jahre hat ihn sehr beunruhigt. Er ist unversöhnlicher geworden und seine Ansichten radikaler. Sätze, die er hier und da aufgeschnappt hatte, haben sich in seinem Gehirn festgesetzt, fast wie Mantras. Er wiederholt sie bei unterschiedlichen Anlässen immer wieder:

Unser westlicher Lebensstil, genauer: unser Volk! sei bedroht. Wir würden durch „Umvolkung" zu Fremden im eigenen Land, und dann schließlich abgeschafft. Es gehe bergab mit unserer Gesellschaft und wir steuerten auf einen Abgrund zu. Der Platz im gesellschaftlichen Boot sei nun mal begrenzt. Überrollt von einer Flüchtlingswelle würden wir vermutlich bald absaufen, wenn nicht bald etwas geschehe. Denn der nächste Tsunami komme bestimmt.

In Andreas politischem Mikrokosmos haben sich Sprachbilder festgesetzt und entfalten eine unbewusste Wirkung. Sie stammen aus der linguistischen Werkstatt nationalistischer Politstrategen; populistische Verführer haben sie ihm injiziert und dadurch sein Denken und Fühlen massiv beeinflusst. Andreas fühlt sich bedroht: »Bergab«, »Abgründe«, »volle Boote«, »Flüchtlingswellen und -Tsunamis« ... das sind mächtige, gefährliche Bilder. Bilder, die die menschliche Neurophysiologie verändern. Sie aktivieren die Alarmzentren im Gehirn und schränken das rationale Denken ein.

Denn wir Menschen denken in Analogien, Metaphern, Bildern. Über Metaphorik erschließen wir uns die Welt, machen sie uns begreiflich. Metaphern erzeugen einen Denkrahmen und transportieren Bedeutung. Sie sind wie mentale Landkarten, die bei der Orientierung in der echten Welt helfen. Aber Landkarten sind nicht die echte Welt, und Metaphern bilden nicht zwangsläufig die Realität ab. Allerdings erzeugen sie mächtige *subjektive* Wirklichkeiten. Unser Fühlen, Denken und Handeln wird durch das geformt, was wir für wahr *halten*, nicht durch das, was tatsächlich wahr ist. Vor 500 Jahren zeigten Weltkarten eine Scheibe. Wer an ihren Rand geriet, fiel ins Nichts – so die Befürchtung damals. Andreas' mentale Landkarte der Welt hat sich durch die Sprache der Populisten wieder in die Abbildung einer Scheibe verwandelt.

Sprache ist die Grundlage des Denkens. Wem es gelingt, die Sprache des öffentlichen Diskurses zu verändern, der kann das Denken verändern. Und wer das Denken verändert, kann dadurch das Verhalten der Menschen manipulieren. Sprache ist der wunderbare Kitt zwischen den Menschen, Vermittler des Mitgefühls, Grundlage jeder Kultur; aber Sprache ist auch eine gefährliche Waffe.

Die subversive Wirkung dieser Waffe lässt sich an Andreas beobachten: Vor einiger Zeit stolperte er in diversen Onlineforen über gewisse „Hintergründe" zu Ereignissen auf der politischen Bühne; seine anfänglichen diffusen Befürchtungen wandelten sich in konkrete Ängste und schließlich in Wut und Ärger. Schließlich wurde er von einem Kollegen zu einem „Informationsabend" der AfD mitgenommen. Heute ist er Mitglied der Partei. Der Partei, die es geschafft hat, Andreas Unwohlsein mit der Welt in konkrete Feindbilder umzuwandeln: Flüchtlinge, Eliten und Volksverräter, Lügen- und Systempresse. Dort: „Die". Und hier: „Wir, das Volk." Sauber aufgeteilt. Die Populisten haben Andreas mit einem funktionierenden Kompass ausgestattet; einem Kompass mit genau zwei Richtungen. Hier: richtig, wahr und gut; überall sonst: das Falsche, Bedrohliche und Schlechte. Eine saubere Trennung. Und Andreas wähnt sich auf der richtigen Seite. Und er will möglichst weit vom gefährlichen Rand der Scheibe entfernt leben.

Andreas' demokratisches Immunsystem ist in keinem guten Zustand – er hat sich einen chronischen populistischen Infekt eingefangen. Übertragungsweg: Sprache. Andreas ruft immer mehr nach Sicherheit, nach Überwachung; er ist bereit, dafür deutliche Einschränkungen seiner Freiheiten in Kauf zu nehmen. Sein demokratisches Immunsystem zeigt mittlerweile deutliche Zeichen einer Autoimmunreaktion: es richtet sich zunehmend gegen sich selbst als Demokraten und droht ihn abzuschaffen.

Was kann man tun, um sich vor so einer Ansteckung zu schützen? Wie kann man sich und andere vor einer Ansteckung bewahren? Wie stärkt man das demokratische Immunsystem?

Ein wichtiger Punkt ist es, sich der Wirkung von Sprache und ihrer Macht, subjektive Wirklichkeiten zu erzeugen, bewusst zu sein. Und auch mit Freunden und Bekannten über die Macht von Sprache zu diskutieren. Gewöhnlich fallen einem die Sprachbilder, mit denen die öffentliche Kommunikation durchsetzt ist, gar nicht auf. Wer sich schützen will, sollte sich aber angewöhnen, Sprachbilder zu identifizieren und bewusst zu entscheiden, ob er sie sich zu eigen machen will oder nicht.

Ein weiterer wichtiger Punkt: Wer sich und seine Mitmenschen vor Populismus schützen will, sollte wissen, vor was genau es sich da zu schützen gilt. Man muss die Gefahr erkennen, um ihr entgegenwirken zu können.

Waschechte Populisten neigen zum erhobenen Zeigefinger mit eingebautem moralischen Alleinvertretungsanspruch. Sie sehen sich als Hüter des Wahren, Guten und Reinen. Sie nehmen für sich in Anspruch, die einzigen Vertreter des „echten" Volkes und seines „wahren" Willens zu sein, und nicht lediglich die Repräsentanten eines Teiles der Bevölkerung. Sie sagen: *„Wir sind das Volk!"* und nicht *„Auch wir sind ein Teil der Bevölkerung."* Rechtspopulisten meinen mit »Volk« nicht die Bevölkerung, sondern eine illusionäre genetische Abstammungsgemeinschaft – und sie behaupten, sie könnten für alle Mitglieder dieser Gemeinschaft sprechen. Dass Patriotismus auch ganz anders aussehen kann als ihr völkischer Nationalismus, bestreiten sie.

Der Anspruch von Populisten steigert sich gerne bis hin zu der Anmaßung, die alleinige legitime Interessenvertretung des Volkes zu sein. Damit sind sie im Kern ihres Wesens antipluralistisch und antidemokratisch. Wenn Populisten an die Macht kommen, versuchen sie immer, die Demokratie auszuhöhlen; siehe Polen, Ungarn, Türkei, Russland, USA etc.

Wer Populisten widerspricht, gerät rasch in den Verdacht, ein Volksfeind zu sein. Denn wer sich ihren Ansichten nicht anschließt, verrät in ihren Augen das Volk und seinen Willen. Damit polarisieren sie die Bevölkerung und vergiften das Klima des Zusammenlebens.

Kommen Populisten an die Regierung, werden die vermeintlichen Volksfeinde zu Staatsfeinden erklärt. Populisten wollen Mitkämpfer, die sich ins Glied einreihen – und nicht aufgeklärte Menschen, die Behauptungen infrage stellen und über Sachverhalte kontrovers diskutieren wollen. Damit ähneln populistische Bewegungen fundamentalistischen religiösen Glaubensströmungen. Von ihrem Wesen her sind sie gewissermaßen verwandt mit Sekten, Gurus und ihren Jüngern. Sie stiften Gewissheit und eliminieren den Zweifel – und damit das freie, kritische Denken. Das Tragische: Glauben lässt sich mit sachlichen Argumenten praktisch nicht mehr hinterfragen. Populisten transformieren demokratische Diskurse in ideologische Glaubenskriege. Fakten, die nicht zu ihrem Glaubenssystem passen, werden zu Fake News erklärt und durch alternative Wahrheiten ersetzt.

Populisten verstehen es, sich als Opfer zu stilisieren; als arme Wesen, die durch böse, unfaire, gar undemokratische Mächte bedroht werden. Sie sind angeblich Opfer der „Meinungsdiktatur" der „Gutmenschen" und deren „politischer Korrektheit". Mit dieser Erzählung erzeugen sie die Rechtfertigung zur Selbstverteidigung. Gewalt? Bedrohung der Meinungsfreiheit, gar der Demokratie? Das geht doch von den anderen aus. Man selbst gebrauche nur das Recht des Opfers auf Selbstverteidigung. Auf Notwehr. Man reagiere doch nur und wolle sich den Mund nicht von „Meinungsfaschisten" verbieten lassen.

Man sieht: All das hat nur zu einem kleinen Teil damit zu tun, der Bevölkerung hin und wieder ein wenig „aufs Maul" zu schauen, sich also populäre Forderungen zu eigen zu machen. Zwar können populistisch begabte Politiker mit ihrem Gespür gelegentlich durchaus Hinweise auf wichtige gesellschaftliche Themen und Missstände bieten. Doch echte Populisten verstärken mit ihrer martialischen Rhetorik Ängste, sie lähmen den Verstand, sie erzeugen einen Tunnelblick und steigern so die Suggestivkraft ihrer einfachen Weltbilder und Lösungsangebote. Übrigens wissen die Drahtzieher des Populismus in der Regel sehr gut um die Fragwürdigkeit ihrer Positionen. Sie sind keine Überzeugungstäter, sondern eher intelligente und skrupellose Zyniker, die aus der Bereitschaft vieler Menschen, sich verunsichern zulassen, politisches und finanzielles Kapital schlagen wollen.

Gelegentliches populistisches Daherreden und echter Populismus sind nicht das gleiche, obgleich Ersteres manchmal die Vorstufe zu Zweitem sein kann. Echter Populismus ist brandgefährlich für die Demokratie. Wir müssen ihn achtsam wahrnehmen und demaskieren, wann und wo immer möglich.

Sei sensibel für Sprachbilder und hinterfrage sie;
sensibilisiere auch andere.

*

Sei dir einer möglichen eigenen Empfänglichkeit für populistische Verführungskünste bewusst.

*

Erkenne die Merkmale des echten Populismus. Zeige
anderen die Merkmale echten Populismus und die daraus
resultierenden Gefahren für die Demokratie auf.

*

Beuge dem populistischen Tunnelblick bei dir selbst vor:
Diskutiere mit Menschen, die andere Ansichten haben.
Frage dich regelmäßig, wie man die Dinge noch sehen könn-
te. Führe dir gelegentlich vor Augen, wie du selbst schon von
der Toleranz anderer profitiert hast. Arrangiere dich mit
Ungewissheit und hüte dich vor zu eindeutigen Weltbildern.

*

Trete populistischen Ansichten ruhig, besonnen und sachlich
entgegen. Versuche ein Stück weit Verständnis für die Befürchtungen von Menschen zu haben, die Populisten gut finden. Hole
sie bei ihren Ängsten ab, um dann wieder den Verstand mit ins
Boot zu holen. Argumentiere und weise auf Tatsachen hin.

*

Schließe Menschen mit populistischen Ansichten nicht von
Diskussionen aus – solange halbwegs respektvoll miteinander umgegangen wird.

Alles Lüge?

Vom Umgang mit Fake News, Verschwörungstheorien und anderen Unwahrheiten

Martin (Name geändert) ist Produktionsleiter bei einem Automobilzulieferer. In letzter Zeit bereitet ihm das Verhalten zahlreicher Mitarbeiter heftiges Kopfzerbrechen. In den Pausen diskutieren sie aufgeregt über Manipulationen der öffentlichen Meinung durch Geheimdienste, antirussische Stimmungsmache der »Systemmedien« und geheime Pläne, die deutsche Bevölkerung durch die Überschwemmung mit Asylanten schrittweise abzuschaffen. Einige Angestellte wirken regelrecht aufgeputscht und grenzen sich zunehmend aggressiv gegen Kollegen mit Migrationshintergrund ab. Die fraglichen Mitarbeiter geben an, durch »alternative« Kanäle gut über die verborgenen Machenschaften der Eliten informiert zu sein. Martin ruft seine Angestellten zu besonnenem Umgang mit solcherlei ›Informationen‹ auf, dringt damit aber kaum durch. Zuerst hatte er den Eindruck, als fehlten ihm die richtigen Argumente, um anderen die Fragwürdigkeit der meist über Facebook und WhatsApp verbreiteten ›Nachrichten‹ aufzuzeigen. Mittlerweile ist er jedoch selbst nicht mehr sicher, was er den Medien noch glauben und welchen Reim er sich auf die Ereignisse in der Welt machen soll. Er hat das Gefühl, ein kleines, verlorenes Papierschiffchen auf den digitalen Informationswogen der stürmischen Weltmeere zu sein und darin unterzugehen. Wie kann Martin festen, faktenbasierten Boden finden, wenn sich scheinbar alles als Lüge entpuppen kann?

Ort: Wahlkabine. Jessica (Name geändert) betrachtet jetzt schon seit einigen Minuten den Wahlzettel und denkt angestrengt nach. Eigentlich hatte sie einen Favoriten. Doch kurz vor der Wahl kursierten im Internet plötzlich mutmaßlich »geleakte« Informationen. Quelle: anonym. Bestechlichkeit steht im Raum, Konten auf den Caymans, Beziehungen ins Drogenmilieu. Soll sie sich anders entscheiden? Die Alternativen findet sie eigentlich nicht wählbar. Vielleicht lieber eine ungültige Stimme abgeben? Die Demokratie ist ihr sehr wichtig. Aber sie hat das Gefühl, ihr zu schaden, egal wie sie sich jetzt verhält. Was soll sie tun?

Sowohl die Präsidentschaftswahlen in den USA und Frankreich als auch die Brexit-Abstimmung und das Verfassungsreferendum in der Türkei wurden im Vorfeld nachweislich durch ›Leaks‹, das Verdrehen von Fakten und offensichtliche Lügen begleitet. Das schwächt die Legitimität solcher Abstimmungen und führt zur Frage, ob es überhaupt noch Abstimmungen ohne vorherige Manipulationsversuche gibt und geben kann.

Neu sind weder das Streuen von Gerüchten und die Verbreitung von Verschwörungstheorien, noch eigenwillige Interpretationen von Tatsachen in der Politik. Neu sind auch nicht vorsätzliche Lügen und die Manipulation von Fakten. Bereits Platon erwähnte »edle Täuschungen« ausdrücklich als legitimes Mittel der Politik. Allerdings nur, wenn sie der Abwehr und dem Schutz des Staates dienen – was dieser Tage von Autokraten sehr großzügig interpretiert wird. Platons Schüler Aristoteles mahnte hingegen zur Beachtung der Tugend der Wahrhaftigkeit, und zwar jederzeit – selbst da, wo es scheinbar nicht darauf ankommt. Nietzsche setzte dem entgegen, dass es der Mensch überhaupt nur durch seine Verstellungskunst vermocht habe, gegenüber stärkeren Lebewesen zu bestehen – Täuschung, Lüge und Betrug als eine Art evolutionär perfektionierte Lebensversicherung im Angesicht von Bedrohungen. Ist maßvolles Lügen als Mittel der Politik folglich akzeptabel?

Die Idee der modernen Demokratie beruht auf der Möglichkeit zur freien Meinungsbildung. Grundlage dafür sind allen Bürgern zugängliche Informationen über die aktuelle Lage. Dem Verstand kommt gemäß Immanuel Kant dabei die Rolle des Befreiers aus selbstverschuldeter Unmündigkeit zu. Die wahrhaftigen Tatsachen bilden eine unabdingbare Voraussetzung dafür. Doch wenn alles immer schneller, umfassender gefälscht und verbreitet werden kann, bringt der Verstand immer weniger brauchbare Ergebnisse zustande. Die Legitimität demokratischer Entscheidungen erodiert – und damit ihre zentrale Grundlage.

In der Vergangenheit haben freie Medien eine Art Filter- und Prüffunktion für die Verbreitung von Informationen und ihre logische Konsistenz erfüllt. Nicht umsonst galten sie als vierte Macht im Staat, neben der Gewaltenteilung zwischen Exekutive, Legislative und Judikative, im angloamerikanischen Raum als Prinzip der ›Checks and Balances‹ bekannt. Doch mit dem Internet haben die klassischen Medien ihre Alleinstellung als Verbreiter von Informationen eingebüßt.

In den letzten Jahren entdeckten Politiker, dass sie ihr Wahlvolk mittels sozialer Medien jederzeit direkt ansprechen können. Ihre Aussagen können vorher nicht mehr von kritischen Journalisten geprüft und in einen größeren Zusammenhang gestellt werden. Das ist ein schwerer Schlag gegen faktenbasierte, aufgeklärte, verstandesbetonte gesellschaftliche Debatten. Aber gerade die braucht es, um Argumente rational zu prüfen und gute, konsensfähige Lösungen zu finden. Direkte, ungefilterte Kommunikation lädt zu Überzeichnungen, Unwahrheiten, Alarmismus und Emotionalisierung ein. Was auf der Strecke bleibt: Wahrheit, Sachlichkeit, das Gemeinwohl und der Verstand. Und damit die Grundlagen der Demokratie.

Heute kann sich jeder publizistisch betätigen, sofort, überall. Falschmeldungen breiten sich über soziale Medien unkontrolliert aus wie gigantische Waldbrände. Keine Recherchestandards schützen die Wahrhaftigkeit vor der Lüge. Keine sorgfältige Trennung von Berichterstattung und Kommentar bewahrt die Sachlichkeit vor der Vermengung mit Emotionen. Kein verantwortungsvoller Umgang mit grauenvollen Bildern schützt die Menschenwürde der Abgelichteten und die Betrachter vor emotionaler Abstumpfung. Vermeintliche Informationen mutieren zu Lawinen, die alles mitreißen und zerstören können. Da jeder seine eigene politische Agenda ungehemmt verfolgen und beliebig „Informationen" erzeugen und verbreiten kann, sprechen manche schon von digitalen Bürgerkriegen.

Der Begriff der ›postfaktischen Demokratie‹ macht die Runde. Gefühle, Stimmungen und vermeintlich ›gesunder Menschenverstand‹ setzen sich zunehmend als hinreichende Grundlage für demokratische Entscheide durch. Die Wahl von Donald Trump zum US-Präsidenten, das Votum der Briten für den EU-Austritt oder die Entscheidung für Erdoğans autokratisches Präsidialsystem in der Türkei sind ebenso bedrückende Belege dafür wie die breite Zustimmung zu Putins Gewaltpolitik in Russland. Die Wahrhaftigkeit hat in diesen Ländern ihre Rolle als anerkannte Grundlage für das Verhältnis von Politik und Bürgern verloren. Heute ist wahlentscheidend, was sich gut anfühlt, welche politischen Erzählungen Mehrheiten gut in den Kram passen, was sie gerne hören und glauben wollen. Wahrheiten sind hingegen häufig kompliziert, dazu unbequem und schwer verdaulich, gelegentlich kränkend, manchmal sogar eine Zumutung, die das Leben in der Komfortzone bedroht. Wer will schon mit daran schuld sein, dass in naher Zukunft Hunderte Millionen Menschen ihre Heimat verlassen müssen, weil sie durch den Klimawandel dazu gezwungen werden? Wer findet es schon angenehm, dass die eigenen Großeltern Mörder, Mitwisser oder wenigstens Mitläufer im Naziregime oder zu Zeiten des Völkermordes an den Armeniern im Osmanischen Reich waren? Wer findet es schon toll, dass westlicher Reichtum zu Teilen auf der Ausbeutung Anderer beruht, die sich nun in ihrer Not aus zusammenbrechenden Staaten auf den Weg nach Europa machen? Da kommen Klimalüge, Völkermordleugnung, wenigstens aber die Stigmatisierung von Asylsuchenden als Sozialschmarotzer wie gerufen.

Es wird gelogen, dass sich die Balken biegen. Und es ist immer größeren Teilen des Wahlvolkes egal, solange die Lügen nur bequem sind. Einen Lügner macht aus, dass er weiß, dass er lügt. Verstörend ist, dass immer mehr Angelogene ahnen, manchmal sogar wissen, dass sie angelogen werden – es ihnen aber gleichgültig ist. Oder sie es sich in der Überzeugung bequem machen, alle würden lügen. Das Werfen von Nebelkerzen, um gut belegte Tatsachen wie zum

Beispiel die menschengemachte globale Erwärmung in Zweifel zu ziehen, hat dramatisch gut funktioniert. Wahrheit ist für viele keine relevante Kategorie mehr. Das Märchen von des Kaisers neuen Kleidern lässt grüßen.

Der digitale Wandel hat die Demokratie in eine fulminante Krise katapultiert. Er traf sie völlig unvorbereitet. Sie ist für die neuen Zustände im Zeitalter der sozialen Medien bislang nicht gerüstet. Demokratien belohnen das Zustandekommen von Mehrheiten und nicht die Verbreitung von Wahrheiten. Mehrheiten jedoch werden über kommunikatives Geschick organisiert, nicht durch Wahrhaftigkeit. Wahlen gewinnt man mit dem, was die Mehrheit für wahr halten will, und nicht damit, was tatsächlich wahr ist. Vor der digitalen Revolution und dem Zünden der radikal neoliberalen Stufe der Globalisierung hatte die Wahrhaftigkeit relativ gute Chancen, sich durchzusetzen. Nach der Erfindung von Twitter, Instagram und Facebook ist das nicht mehr sicher. Die Machtverhältnisse haben sich vorerst zu Ungunsten der Wahrheit verschoben. Somit fühlt sich die Gegenwart wie die fortschreitende Rückabwicklung der Aufklärung an. Und das bedeutet im Sinne Kants: Die selbstverschuldete Rücküberführung der Menschen in Unfreiheit.

Die Bedrohung der Demokratie durch Unwahrheiten muss man jedoch nicht schicksalsergeben hinnehmen. Martin und Jessica haben Wege gefunden, dem Irrsinn der Unwahrheiten entgegenzutreten, wie wir gleich sehen werden. Zuerst aber schauen wir bei André Wolf vorbei. Er hilft anderen, sich in einer Welt der Lügen trotzdem eine fundierte Meinung zu bilden. Der studierte Theologe arbeitet mit Herzblut für ›Mimikama‹. Der Verein bekämpft Falschmeldungen im Internet und wirkt dem Missbrauch sozialer Medien entgegen. Gemeinsam mit einem weiteren hauptberuflichen Betrugs-Aufklärer sowie zahlreichen Ehrenamtlichen in Deutschland, Österreich, der Schweiz und den Niederlanden hilft er Ratsuchenden dabei, Fakes von Fakten zu unterscheiden. Viele Falschmeldungen sind passgenau auf die Ängste der Bürger zugeschnitten. Sie versetzen ihre Opfer in eine Art Alarmmodus, der dazu führt, dass die Meldungen wiederum schnellstmöglich an andere weitergeleitet werden – etwa so wie die Meldung „Das Nachbarhaus brennt!“. Denn vielleicht ist ja etwas dran. Stattdessen sollten verantwortungsvolle Mediennutzer lieber kurz innehalten und die Meldung prüfen (siehe Infokasten). Im Zweifelsfall sollte man Meldungen *nicht* weiterverbreiten. Jeder, der nach Orientierung in der täglichen Informationsflut der sozialen Medien sucht und nicht weiß, ob er einer Information Glauben schenken soll, kann sich direkt an Mimikama wenden. Jede Woche laufen hunderte Anfragen bei dem Verein auf und lösen bei den Experten sorgfältige Recherchen und Analysen aus, deren Ergebnisse sie dann auf der Webseite mimikama.at öffentlich bereitstellen.

Einen etwas anderen Ansatz verfolgt das gemeinnützige Recherchezentrum »Correctiv«. Die Journalisten recherchieren mit langem Atem brisante Themen, die in anderen Medien zu kurz kommen. Die Ergebnisse werden dann an klassische Medien weitergereicht. Sie wollen Missstände aufdecken, Bürger mit unabhängig überprüften Informationen versorgen und auf diese Weise die Demokratie schützen. Mit ihrem Bildungsprogramm »Reporterfabrik« (Online-

Tutorials, Workshops, EBooks) wollen sie Bürger befähigen, sich selbst Informationen zu beschaffen und journalistisch aktiv zu werden. Dahinter steckt die Vision einer ›redaktionellen Gesellschaft‹ die auch in Zeiten von Fake News fähig zur freien Meinungsbildung bleibt. Jeder kann Fördermitglied bei Correctiv werden und dadurch die Arbeit der Journalisten unterstützen (correctiv.org).

Infokasten: Plausibilitätscheck für Meldungen in den sozialen Medien

- ✓ Ist der Autor identifizierbar?

- ✓ Ist die Meldung wirklich verstandesgemäß nachvollziehbar?

- ✓ Ist sie eine erstaunlich schnelle Reaktion auf ein Ereignis, dessen Fakten eigentlich noch gar nicht in Ruhe von Fachleuten untersucht werden konnten?

- ✓ Werden vermeintliche Fakten durch seriöse, nachprüfbare Quellen belegt, oder sind es nur Behauptungen?

- ✓ Trennt der Autor sauber zwischen Tatsachen und Meinungen?

- ✓ Handelt es sich um eine Originalnachricht, oder wird nur ein anderes Medium zitiert? Was genau steht im Original?

- ✓ Wird ein Bedrohungsszenario aufgebaut und Beunruhigung verbreitet?

- ✓ Behauptet der Autor, endlich die Wahrheit zu lüften oder geheime Vorgänge zu enthüllen?

Nun aber zu Martin. Er hat sich über Verschwörungstheorien und ihre Anhänger schlaugemacht (siehe Infokasten). Entsprechende Infos hat er am schwarzen Brett der Kantine aufgehängt. Ihm ist klargeworden, dass man Menschen, die in die Wahnwelt der Verschwörungen hinabgestiegen sind, mit Argumenten kaum noch erreichen kann. Aber man kann sich selbst und andere vor solcherlei paranoiden Infektionen durch rechtzeitiges Einschalten des Verstandes schützen. Zur nächsten Betriebsversammlung hat er einen Experten eingeladen, der einen spannenden Vortrag halten wird. Thema: ›Vom entspannten Umgang mit Unsicherheit in einer unübersichtlichen Welt.‹

Infokasten: Verschwörungstheorien

Verschwörungstheorien stellen vermeintliche Verschwörungen in das Zentrum jeglicher Erklärung.
Andere plausible Faktoren wie Zufall, vielschichtige Interessenlagen, historische Entwicklungen etc. werden systematisch ausgeblendet.

Verschwörungstheorien bieten einfache Erklärungen an.
Sie führen komplexe Entwicklungen auf eine einzige Ursache, die Verschwörer und ihre eigennützigen, menschenfeindlichen Interessen zurück.

Die Erklärungen enthalten häufig fantastische Elemente.
Das spricht die Zuhörer spannender Geschichten in uns an, die sich gerne erstaunen lassen. Es führt dazu, dass Anhänger von Verschwörungstheorien eine generelle Skepsis gegenüber plausiblen, zu ›normalen‹ Erklärungen entwickeln.

Verschwörungstheorien raten, nur nichts zu glauben, was in den klassischen Medien berichtet wird.
Die Medien werden fast immer als Teil der Verschwörung angesehen – außer ihr Inhalt bestätigt die eigenen Ansichten. Damit erfährt die aufklärerische Haltung gesunden Zweifelns und Hinterfragens jeglicher Theorie eine völlig bizarre Überzeichnung.

Verschwörungstheoretiker sind einseitig misstrauisch.
Ihre Skepsis richtet sich nicht gegen jegliche Information, sondern nur gegen die, welche vom vermeintlichen Feind kommen (Systempresse, Pharmaindustrie, gekaufte Wissenschaftler) oder das eigene verschwörerische Gedankengebäude in Frage stellen. Informationen werden schon alleine deshalb als falsch oder wahr angesehen, weil sie aus einer bestimmten Quelle kommen.

Verschwörungstheoretiker stören sich nicht an Widersprüchen in ihren Aussagen.
Logische Konsistenz spielt keine wichtige Rolle. Deshalb sind sie argumentativ in der Regel nicht erreichbar. Sie sind nicht auf der Suche nach Wahrheit, sondern wollen Recht behalten. Gegenteilige Fakten werden ignoriert oder zu weiteren Beweisen umgedeutet. Die überragende Grundüberzeugung, dass wir alle systematisch belogen werden, überflügelt den Verstand.

Verschwörungstheoretiker können Andere mit ihrem Dauerabo auf die Wahrheit zur Verzweiflung bringen.
Ihrer Ansicht nach haben sie tiefere Einblicke in verborgene Zusammenhänge. Das kann zu einem überheblichen Gestus ›Ungläubigen‹ gegenüber führen. Bei Menschen, die meinen, die Wahrheit gepachtet zu haben, ist generell Vorsicht angebracht. Man spricht auch vom Dunning-Kruger-Effekt: Inkompetente Menschen neigen zur Überschätzung der eigenen und Unterschätzung der Fähigkeiten Anderer.

Und Jessica? Noch in der Wahlkabine fiel ihr ein, dass sie vor einiger Zeit mit Freundinnen sprach, denen es beim Gedanken ans Wählen ähnlich erging wie ihr selbst in diesem Moment. Sie erinnerte sich, dass eine äußerte, dass Demokratien sich das Nichtwählen nur leisten könnten, wenn sie nicht durch den Einzug extremer Parteien in Parlamente und Regierungen bedroht seien. Heute sei es allemal besser, das kleinere, aber fest auf demokratischem Boden stehende Übel zu wählen und damit für die Demokratie zu stimmen. Da wusste Jessica, was sie zu tun hatte und traf ihre Wahl. Sie entschied sich für den Kandidaten, der sich ihrer Ansicht nach bisher am eindeutigsten für demokratische Werte eingesetzt hatte. Ihre Verunsicherung durch vermeintliche Enthüllungen über ihren Lieblingskandidaten haben Jessica jedoch noch eine ganze Zeit beschäftigt. Sie war über sich selbst erschrocken und wollte raus aus dieser Abhängigkeit von Twittermeldungen, vermeintlichen Leaks und ›Breaking News‹. Sie wollte ihren Kopf wieder frei für sachliche Informationen und die Bildung fundierter eigener Standpunkte bekommen. Sie beschloss, ihre politische Meinung nicht länger von kurzfristigen digitalen Informationsstörfeuern abhängig zu machen, sondern von der längerfristigen Betrachtung des Verhaltens von Kandidaten und Parteien. Sie hat ihre Mediennutzung verändert, man könnte sagen: entschleunigt. Den Newsfeed auf ihr Smartphone hat sie ausgeschaltet. Stattdessen schaut und hört sie nun politische Wochenmagazine und liest sauber recherchierte Hintergrundberichte.

Gefühlte Wahrheiten, Meinungen aus dem Bauch, Lügen, ›Fake News‹ und Verschwörungstheorien gefährden die Demokratie mehr als je zuvor. Der digitale Wandel hat die Sprengkraft von Unwahrheiten ungemein potenziert. Grundlegende demokratische Werte wie Wahrhaftigkeit, Transparenz, Legitimität und Vernunft sind vital bedroht. Dennoch gibt es vielfältige eigene Handlungsmöglichkeiten, dem entgegenzuwirken.

Unterscheide stets achtsam: Was weißt du tatsächlich, was meinst du nur zu wissen? Sei dabei sehr sorgfältig und ehrlich zu dir selbst.

*

Erkenne Verschwörungstheorien und kläre andere über entsprechende Mechanismen auf (siehe Infokasten).

*

Leite keine Informationen weiter, die eine erste Prüfung (siehe Infokasten) nicht unbeschadet überstehen.

*

Bilde dir nicht vorschnell eine Meinung, sondern gönne es dir, zu zweifeln und keine Meinung jenseits klar überprüfbarer Fakten zu haben – dafür aber ein festes demokratisches Wertefundament. Halte Zweifel und Unwissenheit aus, wo sie sich nicht durch objektive Nachforschungen ausräumen lassen.

*

Steige aus dem Dauerkonsum von ›Breaking News‹ und Newsfeeds aus. Entschleunige deinen Medienkonsum zugunsten gut recherchierter Formate.

*

Informiere dich aus unterschiedlichen Quellen. Setze auf fundiert recherchierten Journalismus. Kaufe oder abonniere Zeitungen und bezahle für guten Journalismus im Netz.

*

Unterstütze Initiativen, die sich für Fakten und Transparenz einsetzen, wie z.B. Mimikama, Correctiv, Transparency International oder Abgeordnetenwatch.

*

Gehe wählen und wähle wehrhafte Demokraten. Nichtwählen ist keine gute Option, wenn radikale Kräfte drohen, sich in den Parlamenten breit zu machen.

Die Demokratie mit Abstimmungen beleben, anstatt sie zu töten

Über die Gefahren, die von Abstimmungen ausgehen, und wie man sie vermeidet

Von George Bernard Shaw stammt der provokante Ausspruch *„Demokratie ist ein Verfahren, das garantiert, dass wir nicht besser regiert werden, als wir es verdienen."* Damit hat er vor langer Zeit augenzwinkernd auf etwas hingewiesen, was sich in jüngerer Zeit wieder zu bewahrheiten scheint: Demokratische Entscheide können ganz schön nach hinten losgehen. Siehe die Trumpwahl in den USA. Siehe das Türkeireferendum. Siehe der Brexit. Aber halt: Ist das vielleicht nur die Arroganz des Autors gegenüber dem Wählerwillen? Oder ist die ganze Sache mit der Demokratie vielleicht doch keine so wirklich gute Idee?

Das wäre ein vorschnelles Urteil. Es lässt sich jedoch festhalten, dass Wahlen und Abstimmungen für sich alleine genommen noch keine Demokratie garantieren. Genauso wenig, wie die jährlichen Blumen zum Hochzeitstag ein Beweis für eine gute Ehe sind, sind Wahlen und Abstimmungen ein ausreichender Beleg für demokratische Verhältnisse.

Sinnvolle Abstimmungen setzen voraus, dass der überwiegende Anteil der Bürger wirklich ausreichend versteht, über was er abstimmt: Wie lauten die wahren Fakten? Welche Konsequenzen, Fern-, Nah- und Wechselwirkungen bringt eine Entscheidung mit sich? Welche Risiken und Chancen? Ansonsten bilden Abstimmungen nur Stimmungen ab, nicht aber kollektive Verstandesentscheidungen. Abstimmungen sind kein magisches, demokratisches Werkzeug zur Befragung der „Schwarmintelligenz". Manchmal sind sie nur trauriges Zeugnis populistisch induzierter „Schwarmdummheit".

Offensichtlich können Abstimmungen und Wahlen die Demokratie massiv gefährden – und manchmal sogar den Beginn ihres Endes markieren. Und dies selbst dann, wenn darüber hinaus eigentlich all das gewährleistet ist, was demokratische Systeme gemeinhin ausmacht: Gewaltenteilung, unabhängige Gerichte, Presse- und Meinungsfreiheit, Menschenrechte. Der Teufel steckt im Detail, wie ich gleich genauer zeigen werde. Verlassen wir dazu die große Politik und steigen hinab in die Niederungen des demokratischen Alltags.

Sonntagabend bei der fiktiven Familie Schneider, jede Woche das gleiche Spiel: Mama und Tochter Amélie wollen Traumschiff, Inga Lindström oder irgendwas anderes „fürs Herz" sehen; Papa und die Zwillinge Jonas und Tim aber den Tatort. Die Schneiders haben nur einen Fernseher. Herr Schneider hält sich für einen guten Demokraten; und so wird jeden Sonntag darüber abgestimmt, was die Familie im Fernsehen schauen wird. Und von Woche zu Woche wächst der Unmut bei Frau Schneider und ihrer Tochter. Denn die einfachen Mehrheitsentscheide führen verlässlich dazu, dass ab 20.15 Uhr immer nur Krimis über die Mattscheibe flimmern. Es gleicht der Posse von den drei Hasen und sieben Füchsen, die darüber abstimmen, was es zum Abendessen geben wird; solcherlei Basisdemokratie geht nicht immer gut aus.

Offensichtlich sind Mehrheitsentscheidungen nicht immer eine gute Idee, wenn man nicht will, dass manche Wahlbeteiligten ein zunehmendes Unbehagen an den vermeintlich demokratischen Verhältnissen entwickeln. Denn: Mehrheitsentscheidungen bergen immer das Potential, die berechtigten Interessen von Minderheiten oder Einzelnen zu gefährden. Im Extremfall können sie deren Rechte sogar abschaffen – dann spricht man vom „Terror" der Mehrheit. Basisdemokratische Abstimmungen ohne unumstößliche Schutzgarantien für alle bergen ein totalitäres Potential.

Bei Familie Schneider kommt hinzu, dass „digitale" Entweder-oder-Wahlmöglichkeiten der „analogen" Wirklichkeit nur selten gerecht werden. Sie können den Interessenausgleich zwischen unterschiedlichen Gruppen unmöglich machen – ein typisches Problem vieler Volksentscheide. Bevor hochkomplexe Situationen auf unangemessen triviale schwarz-weiß-Abstimmungen heruntergebrochen werden, sollte immer Ausschau nach anderen Alternativen gehalten werden. Erstaunlich häufig lassen sich gute Sowohl-als-auch- oder Weder-noch-Varianten finden.

Es zeigt sich: Der Ruf nach mehr Basisdemokratie kann völlig nach hinten losgehen und zur Entstehung und Vertiefung gesellschaftlicher Gräben führen – anstatt zu einem Mehr an Demokratie. Denn Minderheitenrechte dürfen durch Abstimmungen nicht gefährdet werden. Mehrheiten dürfen Minderheiten nicht alles zumuten. Es braucht besonnenes Nachdenken, wann und wo eine Abstimmung zwischen Alternativen sinnvoll ist – und wo gefährlich.

Bei Familie Schneider kam neulich glücklicherweise Tante Lilli zu Besuch. Als sie vom Fernseh-Demokratie-Frust hörte, machte sie einen salomonischen Vorschlag: An zwei Sonntagen gibt's eine Schmonzette, an dreien den Krimi. Alle stimmten ihrem Vorschlag zu. Demokratie: Die Berücksichtigung aller berechtigten Interessen, Wille zum Ausgleich, und schließlich: Konsens.

Aber nicht nur Mehrheiten können für Abstimmungsfrust sorgen: Vater Schneider ist Handwerker und arbeitet bei einem städtischen Betrieb für Gebäudemanagement. Seit einiger Zeit ist er mit seinem Aufgabenfeld nicht mehr zufrieden. Vielen seiner Kollegen geht es ähnlich; bei der großen Mehrheit besteht der Wunsch nach einer Neuverteilung der Arbeitsbereiche. Herr König, der Vorgesetzte, möchte gerne sein gesamtes Team über einen Neuzuschnitt der Arbeitsbereiche abstimmen lassen und dabei alle „mitnehmen". Seit Monaten setzt er immer wieder Termine für entsprechende Konsultationen und Abstimmungen an. Doch es kommt nie dazu. Denn ein paar Kollegen sind immer verhindert, krank, oder müssen rasch zu einem technischen „Notfall"; genaugenommen: Es sind immer dieselben drei Kollegen, die dann fehlen – diejenigen, die eh gegen eine Neuverteilung der Bereiche sind. Durch ihr Verhalten verhindern sie jegliche Veränderung. Abstimmungen die darauf angelegt sind, dass alle teilnehmen müssen um gültig zu sein, beinhalten die Gefahr des „Terrors" durch Minderheiten, da diese Abstimmungen blockieren können.

Herr König hatte irgendwann genug. Er setzte einen letzten Termin mit der Maßgabe an, dass dort verbindlich abgestimmt werde; egal, wie viele Mitarbeiter dann anwesend seien.

Auch Tochter Amélie erlebte neulich, zusätzlich zum Sonntags-Fernseh-Frust, ein weiteres demokratisches Fiasko. Sie war zum Kindergeburtstag bei ihrer Freundin Lea eingeladen. Leas Mutter hatte ein buntes Programm vorbereitet, um die Partygäste zu unterhalten. Doch plötzlich wünschte sich das Geburtstagskind, man möge doch nun spontan „Tanzshow" spielen. Einige Gäste wollten daraufhin lieber eine „Singshow" veranstalten, wieder andere eine „Turnshow". Dann schwenkte Lea um und sprach sich für eine kombinierte „Turn- und Tanzshow" aus. Doch eigentlich hatten Lea und ihre Mutter im Vorfeld der Feier vereinbart, dass eine Schnitzeljagd stattfinden sollte. Leas Mutter versuchte die Situation vermeintlich „demokratisch" aufzulösen, indem sie die Gäste zwischen „Turn- und Tanz-Show" und der Schnitzeljagd abstimmen ließ. Die Sache ging gründlich nach hinten los: Mit sechs zu fünf Stimmen gewann die Schnitzeljagd; und das fand Lea ziemlich unfair. Sie insistierte: Immerhin habe sie doch schließlich Geburtstag und dürfe bestimmen. Ihre Mutter folgte dem Argument und kassierte das Abstimmungsergebnis wieder ein. Damit waren aber alle anderen nicht einverstanden – schließlich habe man doch abgestimmt. Amélie war schließlich so frustriert, dass sie sich zurückzog, genau wie einige andere Mädchen. Die anderen diskutierten noch so lange, bis keine Zeit mehr war und garnichts mehr gemeinsam gespielt wurde.

Das Drama um den Kindergeburtstag zeigt zwei Kardinalfehler im Umgang mit alltäglichen Abstimmungen. Erstens: Es wird gerne übersehen, dass Unzufriedenheit ihre Ursache nicht zwingend in einem Mangel an Alternativen und freier Wahl hat – im Gegenteil. Gerade bei „Luxusentscheidungen" der Kategorie „Brust oder Keule" gilt: Wer in einer Gruppe Unzufriedenheit erzeugen will, gibt ihr *viele* freie Wahlmöglichkeiten, aber nur *ein* mögliches Abstimmungsergebnis *für alle*. Manche Dinge sollte man einem Kollektiv besser nicht zur Abstimmung stellen. Manchmal ist es besser, jedem Einzelnen die völlig freie Wahl zu lassen („à-la-carte-Modell") oder allen ohne Abstimmung das Gleiche vorzusetzen („Einheitsmenü-Modell").

Zweitens: Man darf einen Abstimmungsmodus nicht wechseln und neu entscheiden, *nachdem* eigentlich schon entschieden war. Lea und ihre Mutter hatten die Feier *gemeinsam* geplant und alles festgelegt. Trotzdem ließ Leas Mutter es zu, dass ihre Tochter diesen Modus im Nachhinein in Frage stellen konnte und *alleine* spontan etwas anderes festlegte. Anstatt Lea auf die bereits gefallene Entscheidung hinzuweisen, stellte die Mutter die Auswahl des Spiels nun der *gesamten Gruppe* zur Abstimmung. Da Lea das Abstimmungsergebnis abermals nicht passte, kassierte die Mutter die Entscheidung erneut, *nachdem* sie gefallen war. Nur: Abstimmungsmodi darf man nicht einfach nachträglich als nichtig erklären, nur weil jemandem das Ergebnis nicht passt. Ansonsten kann die generelle Akzeptanz demokratischer Prozeduren großen Schaden nehmen.

Und auch die Zwillinge Jonas und Tim fanden sich neulich unter dem Motto „Basisdemokratie" in einer ziemlich heiklen Situation wieder. Denn ihr Fußballtrainer Herr Klein begann das letzte Training mit folgender Ansprache: *„Jungs, ihr seid die beste und harmonischste Mannschaft im ganzen Verein; und ihr wisst das. Aber in der B-Mannschaft fehlen Spieler. Drei von euch müssen zum Ende der Saison wechseln. Ich möchte jedoch nicht einfach über euren Kopf hinweg entscheiden. Entscheidet bitte selber, wer wechseln muss. Ich werde euch zum Ende der Saison darüber abstimmen lassen."* Eine bessere Strategie, um in einer Gruppe Angst, Intrige und doppelbödige Kommunikation auszusäen, ist kaum denkbar. Herr Klein entpuppte sich somit als feiger Hasenfuß, der sich unter dem Deckmantel eines vermeintlich besonders demokratischen Gestus vor der eigenen Verantwortung wegduckte. Doch auch eine Demokratie braucht Hierarchien, Entscheider, Vorgesetzte, Leitungspersonen. Der Job von Führungspersonen ist es nicht, für Entscheidungen immer von allen *geliebt* zu werden. Sondern für Entscheidungen, insbesondere die unbequemen, *respektiert* zu werden. Respekt vor Verantwortungsträgern und ihren (teils schweren) Entscheidungen kanalisiert in einer Demokratie viele der unangenehmen Gefühle, die sonst zu Hass, Intrige und sogar Gewalt untereinander werden können. Jonas, Tim und die anderen Fußballer zeigten sich mutig: Sie verweigerten sich dem Ansinnen ihres Trainers und machten ihm unmissverständlich klar, dass er über die Wechsel selber entscheiden müsse. Der Mut zur Verteidigung der Demokratie zeigt sich nicht zwingend dadurch, dass für Abstimmungen gekämpft wird; sondern manchmal gerade dadurch, sich ihnen zu verweigern.

Schließlich wäre da noch Mutter Schneider. Sie ist Stationsleiterin in einem Pflegeheim. Vordergründig herrscht in ihrem Team eine tolle Stimmung: Man pflegt einen respektvollen Umgangston; man begrüßt und verabschiedet die Kollegen mit ein paar netten Worten; man hat stets ein offenes Ohr, ist am Leben der anderen einfühlsam interessiert. Alle scheinen sich zu mögen. So weit, so nett. Doch die Fehltage durch Krankheiten steigen immer weiter an, immer mehr Mitarbeitern geht es körperlich wie psychisch schlecht – obwohl die äußeren Arbeitsbedingungen und objektiven Belastungen eigentlich weitestgehend gleichgeblieben sind. Das tieferliegende Problem des Teams: Zahlreiche konfliktträchtige Themen werden von allen gemieden. Dadurch werden wichtige Entscheidungen aufgeschoben und wabern unbearbeitet unter der netten, allzu glatten Oberfläche. Denn das Team pflegt eine „Wir-sind-doch-alle-immer-einer-Meinung-haben-uns-alle-gern-und-es-gibt-keine-Konflikte-in-unserem-tollen-Team-Kultur«. Doch dadurch wird genau das missachtet, was Demokratien ausmacht: Vielfalt, die Akzeptanz unterschiedlicher, widerstreitender Interessen, offene Kontroversen, der fruchtbare, argumentative Schlagabtausch, die wertschätzende Kultivierung von Konflikten und schließlich: Die Sicherstellung der Handlungsfähigkeit durch Entscheidungen und Abstimmungen mit einfachen Mehrheiten.

Frau Schneider hat jetzt beschlossen, dass beim nächsten Klausurtag ein externer Supervisor hinzugezogen wird. Mit seiner Hilfe möchte sie die Teamkultur reflektieren und sich endlich trauen, Themen anzusprechen, die sie seit langem belasten - auch wenn es dabei hoch hergehen sollte. Und sie will verschiedene Dinge entscheiden und über wieder andere abstimmen lassen - auch wenn dann sichtbar wird, dass mitnichten alle einer Meinung sind.

Die Beispiele rund um Familie Schneider zeigen, dass mit Abstimmungen äußerst besonnen umgegangen werden sollte. Erst wenn sie verantwortungsvoll und überlegt zur Anwendung kommen, verdienen sie das Prädikat „wertvoll" und sind ein vitaler Baustein der Demokratie. Menschen in demokratisch verfassten Gesellschaften müssen sich immer wieder neu mit der Frage beschäftigen, wie der Wille einer Gruppe angemessen abgebildet und in praktisches Handeln umgesetzt werden kann. Denn Abstimmungen erfüllen ihren demokratischen Zweck nur, wenn ihr Ergebnis von allen Beteiligten bereits im Vorhinein als legitim anerkannt wird - egal wie sie ausgehen. Es braucht deshalb einen Gruppenkonsens darüber, welcher Abstimmungsmodus als gültig angesehen wird: Wer darf abstimmen, und wer muss alles abstimmen? Reicht eine einfache Mehrheit, oder braucht es eine absolute? Wird jemand ein berechtigtes Vetorecht zugestanden? Und zuvorderst: Wer darf bestimmen, wie und worüber abgestimmt wird?

Es ist fahrlässig, solche Fragen im Vorfeld von Abstimmungen nicht zu klären. Das kann bei den Unterlegenen zu Unzufriedenheit, Frust, Ungerechtigkeitsgefühlen und Widerstand gegen das Ergebnis führen anstatt zu Loyalität mit der Gruppe und ihren Entscheidungen. Nur wer hinter dem Abstimmungsmodus steht, steht auch zum Abstimmungsergebnis, selbst wenn es persönliche Nachteile bedeutet. Ansonsten können Wut, Spaltungen, Aggressivität oder Rückzug aus der Gemeinschaft die Folge sein.

Habe Mut zur offenen Diskussion kontroverser Themen, verlange aber nicht reflexartig nach einer sofortigen, vermeintlich basisdemokratischen Abstimmung.

*

Stelle sicher, dass die Konsequenzen einer Entscheidung im Vorfeld von Abstimmung diskutiert werden und nicht erst im Nachhinein.

*

Lasse einfache „Entweder-oder"-Abstimmungen nur zu, wenn zuvor ausreichend und öffentlich über andere Alternativen nachgedacht werden konnte.

*

Stelle sicher, dass Abstimmungen nicht nur ein Manöver sind, mit dem andere (Vorgesetzte, Mandatsträger, etc.) sich vor unliebsamen Entscheidungen und ihrer eigenen Verantwortung drücken wollen.

*

Sorge im Vorfeld von Abstimmungen für Klarheit über den Abstimmungsmodus.

*

Achte darauf, dass die berechtigten Interessen von Minderheiten durch Abstimmungen nicht verletzt werden.

*

Gib Minderheiten nicht die Macht, Abstimmungen dauerhaft zu blockieren.

*

Begünstige nach Kräften, dass Abstimmungen nicht zu
Stimmungsabfragen verkommen, sondern verstandesgemäße
Abwägungen sind.

Wenn's ernst wird, hilft nur noch Humor

Witz, Heiterkeit und Ironie gegen akutes Demokratieversagen

Donald Trump auf die Palme zu bringen, ist ziemlich einfach. Es genügt, irgendwo in den Medien einen Witz über ihn zu reißen, bei dem er nicht sonderlich gut wegkommt. Er reagiert verlässlich dünnhäutig, schimpft auf Twitter, verklagt die Urheber. Dutzende Comedians und Karikaturisten können ein Lied davon singen. Aber sie hören mit ihrem mal beißenden, mal subtilen Spott nicht auf – ganz im Gegenteil. Seit der Präsidentschaftswahl hat schlauer politischer Humor in den USA absolute Hochkonjunktur. Öffentlich zelebrierte, respektlose Heiterkeit – ein zentrales Merkmal jeder wehrhaften Demokratie.

Im Angesicht bedrohlicher politischer Entwicklungen beugt guter Humor ohnmächtiger Lähmung verlässlich vor. Humor lässt sich als genussvolles Erlebnis beschreiben, das sich einstellt, wenn wir eine unerwartete Diskrepanz zwischen unseren Erwartungen und dem erfahren, was tatsächlich geschieht. Humor hält Ängste auf Distanz, ohne sie zu ignorieren. Er energetisiert und belebt den demokratischen Gemeinsinn. Mal ist er Ausgangspunkt und mal Mittel des zivilen Ungehorsams. Humor hat etwas zutiefst Gemeinschaftsstiftendes – zielt er doch auf das gemeinsame Lachen ab. Er verbindet Menschen und unterschiedliche Ideen. Damit tritt er beherzt all jenen Bestrebungen entgegen, die Menschen(gruppen) voneinander trennen oder isolieren wollen. Humor ist der Herzschlag der Demokratie. Und nicht einmal in finsteren Zeiten hört er auf zu schlagen.

Der verschmitzte Herzschlag des deutschen Kabarettisten Werner Finck war bereits zu Zeiten der Weimarer Republik vernehmbar, verstummte auch im Dritten Reich nicht, und war erst recht in der Bundesrepublik eine kräftig pulsierende Mahnung an die Mächtigen, ihre Macht nicht zu missbrauchen. Fink verstand es, Humor als kraftvolles Mittel zur Verteidigung der Meinungsfreiheit einzusetzen. Geleitet von dem Wunsch, sich den Kopf nicht verbieten zu lassen, ihn aber auch nicht zu verlieren, entwickelte er feinsinnige doppelbödige Fähigkeiten: *»Spreche ich zu schnell? Kommen Sie mit? Oder ... muss ich mitkommen?«* fragte er einmal einen Beamten der Geheimen Staatspolizei keck, der in seinem Programm saß und sich Notizen machte. Ein anderes Mal schleuderte er einem Gestapo-Spitzel entgegen: *»Na, so geheim scheinen Sie ja nun ooch nich zu sein von der Staatspolizei. Also ich sehe ziemlich deutlich, was Sie da machen.«*

Guten Humor zeichnet aus, dass die, auf deren Kosten der Spaß geht, stets zum Mitlachen eingeladen sind – nie aber ausgeschlossen werden. Anders ist das bei den bösen Späßen von Nationalisten über Ausländer und andere Sündenböcke, die nur auf Ausgrenzung und Demütigung zielen.

Populisten, Fundamentalisten aller Art und autoritäre Herrscher hassen den freien Humor; sie fürchten ihn, haben nichts für ihn übrig – zu Recht. Er stellt eine fatale Bedrohung für sie dar: Denn Humor hinterfragt und entlarvt, nimmt Menschen die Angst und bringt sie zum Nachdenken. Er versagt Ideologien, Glaubenssystemen und Anführern den eingeforderten Respekt. Deshalb bekämpfen religiöse Fanatiker, Diktatoren oder Autokraten, wie beispielsweise Recep Tayyip Erdoğan, bekanntlich auch harmlose Witzchen über sich – selbst im Ausland, wie Jan Böhmermann zu spüren bekam. Sie fürchten Humor auch, weil er die Kontrolle über die offizielle Kommunikation unterläuft. Humor ist ein subversives Mittel zur Kritik der herrschenden Verhältnisse. Damit ist er stets eine Keimzelle des Widerstandes gegen den Missbrauch von Macht. Und schließlich ist Humor auch noch cool: Witzige Kritiker des Status quo finden leichter Zuhörer; Bewegungen finden Zulauf. Um all diese Gefahren wissen auch andere Demokratieverächter wie Nicolás Maduro in Venezuela, Alexander Lukaschenko in Weißrussland oder Wladimir Putin. Exemplarisch: Als Putin an die Macht kam, übte er Druck auf die Macher der beliebten TV-Politsatire »Kukly« aus. Denn die Satiriker hatten sein autoritäres Durchgreifen humoristisch attackiert und wurden damit zu einer ernstzunehmenden Bedrohung. Mit Humor war es ihnen gelungen, Putin mehr infrage zu stellen, als die Kommunisten oder andere Politiker es vermocht hatten. Schließlich musste der Sender dem Druck aus dem Kreml nachgeben und setzte das Format 2002 ab.

Aber selbst in Diktaturen und unter Zensur ist Humor nicht totzukriegen. Er dient als emotionales Ventil zur Bewältigung von Frust und Angst und zur Bloßstellung der Mächtigen. Auf Dauer trägt er dazu bei, Machtstrukturen zu zersetzen. Berühmtes Beispiel sind die »Radio-Erwian-Witze« aus dem Ostblock zu Zeiten des Kalten Krieges. Sie kamen in Form fiktiver Fragen an einen vermeintlichen Radiosender daher: *»Gibt es in der Sowjetunion eine Pressezensur?«* - *»Im Prinzip nein. Es ist uns aber leider nicht möglich, auf diese Frage näher einzugehen.«* Oder: *»Darf man die Partei kritisieren?«* - *»Im Prinzip ja, aber es lebt sich besser in den eigenen vier Wänden.«*

Populisten zielen darauf, politische Satire zu diskreditieren und mit Tabus zu belegen; egal wie liebevoll und augenzwinkernd der Humor auch daherkommen mag: Die Infragestellung des eigenen Tuns ist unerwünscht und wird sanktioniert. Die humoristische Auseinandersetzung mit den eigenen Ansichten ist nicht gewollt. Das zeigt auch eine Untersuchung der *Süddeutschen Zeitung*. Nach der Analyse von über einer Million Likes von 5000 Facebook-Nutzern lautet das Fazit: »Das Umfeld der AfD ist eine weitgehend humorfreie Zone.« Bei den Anhängern aller anderen etablierten Parteien hätten mediale Satire-Angebote einen ähnlich hohen Stellenwert wie überregionale Informationsmedien (Tagesschau, Spiegel-Online, ZDF-Heute, SZ). Nicht so bei der extrem rechten Partei: Politischer Humor stößt dort nicht auf Interesse. Hass, Homophobie, Freund-Feind-Denken und Fremdenfeindlichkeit fühlen sich nur in humorfreien Zonen zu Hause. Die einzige Form des Humors, der in rechtsnationalen Kreisen gedeiht, ist die böse Häme mit dem Ziel der Ab- und Entwertung anderer.

Wer Demokratiefeinden etwas entgegensetzen will, tut gut daran, ihr Treiben mit Humor zu quittieren. Majestätsbeleidigung ist – und die Abschaffung des entsprechenden Paragraphen aus der (undemokratischen) Kaiserzeit haben wir Jan Böhmermann zu verdanken – keine Straftat mehr, sondern ehrenvolle demokratische Pflicht. Sie zieht die vermeintlich Mächtigen auf Augenhöhe mit dem gewöhnlichen Volk – und dann durch den Kakao.

Apropos Majestät: Weise mittelalterliche Herrscher und Edelleute wussten um den Wert der Selbstreflektion des eigenen Tuns. Kluge Staatsführung verlangt gelegentlich danach, einen Spiegel vorgehalten zu bekommen. Deswegen wurden Hofnarren beschäftigt – gebildete und künstlerisch begabte Berater mit der Erlaubnis zum Provozieren und Irritieren ihrer Brotgeber. Heute weitgehend unbekannt ist, dass die Narren weitere wichtige Aufgaben übernahmen: Sie übermittelten Botschaften zwischen verfeindeten Herrschern; und auf dem Weg in die Schlacht sorgten sie mit Witzen und Liedern dafür, dass die eigenen Leute nicht die Nerven verloren. Eine Neuauflage erfuhr die Gestalt des Hofnarren 1994, als die Fluglinie British Airways Paul Birch als ersten offiziellen Konzernnarren der Geschichte einstellte. Hauptaufgabe: Auf nette Art die Dinge aussprechen, welche die Mitarbeiter nicht anzusprechen wagten.

In stabilen Demokratien sind die Voraussetzungen für guten Humor strukturell fest verankert – in Form der Meinungsfreiheit, der Freiheit von Medien, Kunst und Kultur. Und wehrhafte Demokraten tun gut daran, diese Freiheiten ausgiebig zu nutzen und immer wieder bis über die Schmerzgrenzen hinaus auszutesten. Gerade der Ernst der Weltlage fordert stetiges Training der Lachmuskulatur und humorvolle Respektlosigkeit in allen Formen. Wer die Demokratie ernsthaft verteidigen will, der lacht über die Mächtigen und Möchtegern-Mächtigen.

Ein wundervolles Beispiel für kulturell verankerte Respektlosigkeit und »modernes« Hofnarrentum sind die Rituale um den jährlichen Starkbieranstich auf dem Münchner Nockherberg. Bei der Tradition des »Politiker-Derbleckens« (bayrisch für »sich über jemanden lustig machen«) werden den anwesenden Politikern von einem Redner gewaltig die Leviten gelesen – und das bereits seit 1891. Anschließend müssen die Politiker noch Parodien in Form eines Singspiels über sich ergehen lassen. Und siehe da: Die demokratischen Würdenträger tragen es mit Fassung und Humor. Nichts für Weicheier wie Trump, Erdogan, Kaczynski und Co.

Es gibt zahlreiche weitere Beispiele für die ritualisierte, humoristische Verteidigung der Demokratie: die täglichen Karikaturen in Tageszeitungen; der rheinische Karneval mit seinen Umzügen und aufwändigen politischen Motivwagen; oder politische Satiresendungen wie die »heute Show«, »Die Anstalt« oder »Extra 3«. Und offensichtlich gibt es einen Zusammenhang zwischen angespannten Weltlagen und Humor in der Demokratie: Untersuchungen zeigen, dass politische Satire aktuell auch bei uns boomt. All diese Formate halten nicht nur Politikern den Spiegel vor, sondern auch dem eigentlichen Souverän in Demokratien: der gesamten Bevölkerung.

Humor ist eine zutiefst demokratische Haltung. Es geht nicht darum, irgendwelche Gags, Witze oder kabarettistischen Einlassungen lustig finden zu müssen. Oder Fasching zu mögen. Vielmehr geht es in der Demokratie darum, einem jeden das Recht zuzugestehen, über absolut alles zu lachen. Humor ist die Bereitschaft, sich auch selbst lächerlich zu finden – und damit stets bereit zu sein, sich auf andere Sichtweisen einzulassen. Humor macht Unsichtbares sichtbar und Unsagbares sagbar. Er demaskiert, macht heilige Kühe zu gewöhnlichen Rindviechern. Er leuchtet blinde Flecken gnadenlos aus, zeigt Vorurteile auf und begünstigt mentale Flexibilität. Humor kann kontroversen Debatten ein Übermaß an Anspannung nehmen, gegenseitigen Verletzungen vorbeugen und somit den Dialog auch über Schwieriges ermöglichen. Er bringt uns ins Gespräch miteinander. Er hilft uns, immer wieder neu über uns und unser gesellschaftliches Zusammenleben nachzudenken. Freier, kulturell und medial fest verankerter Humor ist eine Art Lebensversicherung für die Demokratie. Er garantiert, dass Gesellschaften fähig sind, sich selbst den Spiegel vorzuhalten und somit das Potential zu wahren, sich fortwährend aus sich selbst heraus zu erneuern.

Setze dich für die Meinungsfreiheit ein, indem du sie bis an die Schmerzgrenze praktizierst.

*

Nimm dich selbst nicht zu ernst. Lache über dich und deine Ansichten.

*

Lade andere ein, dich durch den Kakao zu ziehen.

*

Lache über das Verhalten und die Äußerungen von Politikern, aber lache niemanden aus.

*

Mache dich lustig über religiöse Würdenträger, Wirtschaftslenker und andere Menschen mit Macht und Einfluss – aber ohne geschmacklos zu sein und ihre persönliche Würde mit Füßen zu treten.

*

Gehe regelmäßig mental einige Schritte auf Distanz und
betrachte neugierig-naiv das gesellschaftliche Geschehen.
Halte Ausschau nach den skurrilen, aberwitzigen Seiten des
Alltags.

*

Übe das Erzählen von Witzen. Sammele und erzähle Witze
über alles, was das Potential hat, dich zu beunruhigen oder
gar zu ängstigen. Das Internet hilft dir gerne dabei.

*

Setze dich mit heiterem Ernst für die Bewahrung der
Demokratie ein.

*

Unterstütze Kunst und Kultur, geh ins Theater und ins
politische Kabarett.

Demokratischer Umgang mit den eigenen undemokratischen Seiten

Vom Kampf gegen die Demokratiefeinde in der eigenen Psyche

Die größte Bedrohung für Demokratie und Menschenrechte geht nicht von den Erdogans, Trumps oder Orbáns aus, sondern von uns selbst. Denn in allen Menschen schlummern undemokratische Seiten – und erst diese verleihen egomanen Autokraten ihre Macht. In Form schleichender mentaler Kettenreaktionen können undemokratische Persönlichkeitsanteile mit den dunklen Seiten von Millionen anderer Menschen in Wechselwirkung treten – bis es zu gesellschaftlichen Kernspaltungen kommt und machthungrige Demokratiefeinde durch ganz normale Wahlen an Staatsspitzen katapultiert werden. Deshalb findet der wichtigste Kampf für Demokratie und Menschlichkeit nicht gegen andere statt, sondern im Ringen mit Anteilen der eigenen Psyche.

Zur Veranschaulichung ein extremes Beispiel: Die Therapeuten des Projekts „Kein-Täter-werden" an der Berliner Charité unterstützen Menschen, die den Kampf mit den abgründigsten Seiten ihrer Psyche, nämlich ihren pädophilen Neigungen, aktiv aufnehmen wollen. Ziel der Maßnahmen: ein bewusster, verantwortungsvoller Umgang mit dem eigenen menschenfeindlichen Potential, so dass es nicht zur sexuellen Gewalt gegen Kinder kommt. Die Klienten arbeiten mit Hilfe ihrer Therapeuten hart für die Verteidigung der Menschenrechte anderer – im Kampf mit sich selbst. Sie ringen vermutlich härter um den Schutz der Rechte Dritter, als die meisten von uns es tun; und sie sind dies sich und der Gesellschaft auch schuldig. Dabei ist es umso vieles einfacher, abgründige Regungen der eigenen Seele einfach nur zu verstecken, heimlich auszuleben, oder zu ignorieren und zu verdrängen – und darum auch umso gefährlicher. Zwar hat nur 1% der erwachsenen Männer pädophile Neigungen – „dunkle" Seiten aber haben alle Menschen. Der Firnis von Gewaltfreiheit, Menschenrechten und Demokratie ist sehr, sehr dünn und muss täglich neu aufgetragen werden. Denn wer kennt nicht wenigstens eines der folgenden Beispiele, wenn er ehrlich in sich hineinhört:

Fußgängerzone, Menschengedränge. Plötzlich eine Frau, dunkler Teint, schwarze Haare, abgewetzte Kleidung – vermutlich eine Roma. Sie reckt dir, bittend um etwas Kleingeld, die Hände entgegen. Ein paar Schritte entfernt zwei weitere Roma: ein halbstarker Junge und ein jüngeres Mädchen. Instinktiv drückst du deine Geldbörse etwas fester an den Körper. Denn man weiß ja nie. Klar gibst du gerne, wenn jemand wirklich in Not ist. Aber sehr viele dieser Zigeuner sollen ihr Geld ja durch Taschendiebstahl, Trickbetrügerei und andere Gaunereien verdienen ...

Oder ein anderes Beispiel: Zwei dunkelhäutige junge Männer kommen dir auf dem Gehweg entgegen, sonst ist die Straße leer. Du überlegst: Sollst du besser noch rasch die Straßenseite wechseln, oder gar abbiegen? Klar, das sind bestimmt „nur" Flüchtlinge, die hier Zuflucht gesucht haben. Aber wer weiß, ob die nicht doch zu Gewalttätigkeit neigen? Und mit dem Respekt gegenüber dem anderen Geschlecht haben die es ja auch nicht so – überdurchschnittlich

98

viele von denen sollen ja auch übergriffig gegenüber Frauen sein und gar zur Vergewaltigung neigen ...

Noch ein Beispiel: Du hast inseriert. Ein Zimmer in deiner Wohnung steht leer, du möchtest es untervermieten. Anständiger Wohnraum ist ein knappes Gut, du bekommst sehr viele Zuschriften. Viele Interessenten tragen fremdländisch klingende Namen, die du kaum aussprechen kannst: Muhammad Sulayman, Suad Öztürk, Parameswaran Sharma, Vlastislav Brzeziński. Und dann wäre da noch eine Sabine Krämer interessiert. Und nun ganz ehrlich: Wen lädst du zuerst ein, um ihn oder sie näher kennenzulernen? Eben.

Diese Beispiele zeigen: Die unbewussten, dunklen Seiten der Psyche schicken gerne einmal einen kleinen Gruß an das Alltagsbewusstsein – in Form alltäglicher Vorurteile. Und die muss man bei sich selbst erst einmal als solche entlarven, um ihnen nicht auf den Leim zu gehen.

Aber auch jenseits von Vorurteilen lauert die Gefahr für das Menschliche im Kern der eigenen Person. Denn in schwierigen Situationen kommt das Diabolische verlässlich zum Vorschein: Der Psychologe Stanley Milgram konnte mit seinen Experimenten zeigen, dass fast alle von uns unter bestimmten Umständen bereit sind, das eigene Gewissen zu ignorieren und massive Gewalt gegen andere auszuüben. In einem vermeintlichen „Lernexperiment" sollten die Teilnehmer („Lehrer") auf Anweisung eines Versuchsleiters einem vermeintlichen „Schüler" (Schauspieler) im Nachbarraum mittels einer Apparatur Stromstöße mit ansteigender Stärke verabreichen. Ab 120 Volt waren Schmerzschreie zu hören, ab 150 Volt bat der Lernende, dass man doch aufhören solle. Die Schreie ab 200 Volt ließen „das Blut in den

Adern gefrieren". Ab 330 Volt war gar nichts mehr zu hören - es musste davon ausgegangen werden, dass der Proband ohne Bewusstsein oder gar tot ist. Zwei Drittel der ganz gewöhnlichen Teilnehmer gingen dennoch bis zur maximalen Stromstärke von 450 Volt.

Der Menschen- und Demokratiefeind ist ein Teil von uns, von uns allen.

Jeder von uns ist viele, immer, von Natur aus. Wir bilden die Vielfalt der Welt, die Vielfalt unserer alltäglichen Erfahrungen und unterschiedlicher Situationen in unserem Inneren ab. Und durch diese Vielfalt und Unterschiedlichkeit der Erfahrungen in der äußeren Welt wird die Entstehung unterschiedlicher Persönlichkeitsanteile in unserer (weitgehend unbewussten) Innenwelt begünstigt - wie in einem Spiegelkabinett.

Und wer kennt die Vielfalt der eigenen Person nicht aus eigener Erfahrung: Am Arbeitsplatz - in der Begegnung mit fleißigen, weitgehend kollegialen Menschen - kommt auch unsere leistungsbereite, weitgehend kollegiale Seite zum Vorschein. Dann, im Urlaub, sind wir plötzlich faule Hunde und eine ganz andere Seite betritt die Bühne unseres bewussten Ich. Oder im Kontakt mit Nachbarn, Schwiegereltern, Freunden der Kinder und Vorgesetzten: Anständig zeigen wir unsere höflich-diplomatische Seite. Aber manchmal, vielleicht im kleinen Kreis der besten Freunde oder im stillen Kämmerlein, sprühen beim Gedanken an diese Menschen dann plötzlich Funken aus unseren Augen, die Stimme wird laut und wir reden uns in Rage - Mr. Hyde hat seinen Auftritt und der vernünftige Dr. Jekyll ist wie weggeblasen.

Je vielfältiger und widersprüchlicher die Welt um uns herum ist, desto mehr Anteile müssen auch wir haben, um ihr angemessen begegnen zu können. Wir bilden unsere Erfahrungen mit der Welt in uns selbst ab – und damit auch all die Gegensätzlichkeiten. Das kann gewaltige innere Spannungen verursachen, mit denen man erst einmal klarkommen muss, wenn sie einem bewusstwerden. Wird die Bereitschaft zur bewussten Auseinandersetzung mit der inneren Vielfalt jedoch nicht aufgebracht, werden aus spannungsreichen, potentiell produktiven Unterschieden destruktive Verwerfungen und Spaltungen.

Aber bereits ohne die prägenden Erfahrungen in der Auseinandersetzung mit der Welt um uns herum gibt es unterschiedliche Anteile in uns. Man kann sich das vorstellen wie ein inneres Team lauter unterschiedlicher Player. Gemeinsam bilden sie unseren Möglichkeitsraum des Denkens, Fühlens und Handelns. Da gibt es besonnene Anteile und Choleriker, Romantiker und nüchterne Typen, Hilfsbereite und Egomanen, Sanftmütige und blutrünstige Racheengel. Die extremeren und richtig „bösen" Anteile haben ihre Auftritte meist un- oder vorbewusst. Sie übernehmen das Kommando im Oberstübchen gelegentlich in Träumen, lassen uns dort zu „Tätern" werden. Oder sie zeigen sich in Form abstruser Gedankenfetzen für Bruchteile im Alltagsbewusstsein, um dann meist auch gleich wieder vergessen zu werden: *„Was, wenn ich jetzt einfach von hier oben runterspringe?" „Was, wenn ich das Küchenmesser nehme und ...?" „Was, wenn ich mein Kind ...?"*

Aber Gedanken sind erst einmal nur das: einfach Gedanken, sozusagen mentale Trockenübungen – und eben keine Handlungen. Zwar kann man sich bewusst Gedanken über Dinge machen und ist dann auch voll für sein Denken verantwortlich. Viele Gedanken hat man aber einfach nur so, und ohne dies kontrollieren zu können. Vielmehr ist es so, als ob man am Ufer eines Stromes sitzt und beobachtet, was dort so alles an Gedanken vorbeitreibt: *„Schönes Wetter heute ... ach, ich muss noch einkaufen gehen ... dann kann ich gleich bei der Bank vorbei und das Spendenformular für Ärzte ohne Grenzen einwerfen ... heute Abend machen wir was Nettes mit der Familie ... hoffentlich sitzt vor dem Supermarkt nicht wieder der bettelnde Ausländer ohne Beine, das ist immer so unangenehm ... wo ist doch gleich der Einkaufzettel? ..."* Dabei kann es durchaus sein, dass auch Abgründiges vorbeischwimmt – verhindern lässt es sich nicht. Vielleicht taucht für einen Augenblick der Wunsch auf, dass ein gerade überführter sadistischer Kinderschänder doch mit denselben Qualen („Folter!") bestraft werden sollte, die er anderen zugefügt hat; oder der Wunsch, dass ein Despot doch am besten irgendwie von jemandem „beseitigt" werden sollte. Aber neben der Beobachtung dieses Gedankenstromes, den sogenannten „Gedanken erster Ordnung" kann man sich sehr wohl bewusst, aktiv und voll verantwortlich Gedanken über seine eigenen Gedanken machen (Gedanken zweiter Ordnung): *„Ich setze mich die Tage mal hin und denke darüber nach, welche Vorurteile ich eigentlich habe; und darüber, was ich am liebsten aus meiner schönen heilen Welt verbannen würde; und darüber, wie ich anständig mit diesen Impulsen umgehen könnte."*

Innere Eindimensionalität wäre möglicherweise hinnehmbar, wenn auch die äußere Welt einen lediglich eng begrenzten Erfahrungsreichtum bereithielte. Doch das ist nur Wunschdenken und in einer globalisierten Welt völlig illusorisch. Je vielfältiger, komplexer, bunter und damit auch widersprüchlicher die Welt ist, desto mehr Widersprüchliches steht auch in unserer Psyche nebeneinander – und da ist dann eben auch der eine oder andere kleine Extremist und Demokratiefeind mit dabei.

Doch wie geht man nun damit um? Wie hegt man seine eigenen menschenfeindlichen Seiten ein?

Es braucht Ordnungs- und (Be-)wertungssysteme, die es vermögen, die Vielfalt zu organisieren – außen wie innen. Die Demokratie hält entsprechende Prozeduren, Rituale und Strukturen bereit, um die unvermeidlichen Widersprüche in der Welt zum Wohle aller Menschen zu integrieren. Nur die Demokratie vermag es, Gegensätze aktiv zu nutzen und durch konfliktreiche, aber fruchtbare Diskurse zusammenzuführen, anstatt sie einzuebnen. Demokratie organisiert Vielfalt. Demokratie grenzt Extreme ein. Demokratie, als Haltung und Set an Werten und Tugenden, ist aber nicht nur der beste Rahmen zur Organisation der komplexen Vielfalt der Welt. Demokratie ist auch die beste Form des Umgangs mit der inneren Vielfalt – sie ist eine Haltung sich selbst und den eigenen seelischen Regungen gegenüber. Wer die Demokratiefeinde in der eigenen Psyche entschärfen will, sollte sich dazu demokratischer Tugenden bedienen; und nicht autokratischer, totalitärer oder sonst wie demokratiefeindlicher Herrschaftsversuche.

Das bedeutet: Vielfalt akzeptieren und Unliebsames einbinden, und nicht dagegen ankämpfen. Der Trick besteht darin, demokratisch mit den eigenen undemokratischen Seiten umzugehen. Denn je unversöhnlicher man mit unerwünschten Anteilen umgeht, je mehr man sie im wahrsten Wortsinne bekämpft, desto mehr rotten sie sich im psychischen Untergrund zusammen und verschaffen sich schließlich erst recht Gehör. Es verhält sich wie mit dem rosaroten Elefanten, an den man krampfhaft versucht, nicht zu denken: Es gelingt nicht.

Schlauer ist es da, ehrlich und versöhnlich auf die Regungen der eigenen Seele zu blicken. Denn hinter vielen krude daherkommenden Impulsen stecken Befürchtungen oder völlig nachvollziehbare Bedürfnisse: Angst vor einer unberechenbaren Welt; Angst vor dem Fremden; Existenzängste; Wünsche nach Gerechtigkeit und Sicherheit; Sehnsucht nach einem einfachen, unkomplizierten Leben; Sehnsucht nach Orientierung und klarer politischer Führung. Viele Bedürfnisse sind gerechtfertigt und angemessen – nicht aber alle Ansätze, sie zu stillen. Gut gemeint ist nicht immer gut gemacht. Das heißt: Nicht jeder inneren Stimme sollten auch unreflektiert Taten folgen. Im Konzert unserer inneren Stimmen gehören demokratiefeindliche Extremisten zum Chor dazu. Aber zum Spektrum unseres tatsächlichen Verhaltens dürfen sie deswegen noch lange nicht gehören.

Mit Blick auf brutale Extremisten, deren Taten täglich die Schlagzeilen füllen – mordende Neonazis, bombende Islamisten, gewaltbereite Linksautonome –, sollte man es mit der Psychologisiererei aber auch nicht übertreiben: Manche Dinge denken oder tun Menschen nicht etwa, weil ein wichtiges Bedürfnis dahintersteht – sondern schlicht, weil sie gedacht und getan werden *können* und pure Lust an der Macht über andere damit einhergeht. Das Böse ist eine Möglichkeit des menschlichen Verhaltens, und ist damit immer bereits in uns angelegt – in uns allen.

Deshalb: Machtversessene Autokraten mögen eine Gefahr für die Demokratie darstellen. Aber die größte Gefahr sind wir selbst. Denn erst, wenn wir unsere schlechten Seiten bereitwillig durch Populisten füttern lassen, erst, wenn wir nicht mehr laut widersprechen, wenn sie Stück für Stück das freiheitliche Gemeinwesen demontieren, erst dann werden egomane Verführer wirklich zur Gefahr: *„Es ist die Sünde des Schweigens, wo Widerspruch erforderlich wäre, die aus Menschen Feiglinge macht."* (Ella Wheeler Wilcox)

Beenden wir dieses Kapitel mit einer Geschichte über einen alten Indianerhäuptling, seinen Enkel und die Wölfe:

Der kleine Indianerjunge hat es sich auf seinem Nachtlager bequem gemacht. Das wärmende Bisonfell bis zur Nasenspitze hochgezogen lauscht er, wie jeden Abend, einer Gutenachtgeschichte seines Opas. Seine Augen sind heute weit aufgerissen, als der Alte gerade wild gestikulierend erzählt: *„Oh, in meiner Brust, da wohnen zwei Wölfe! Der eine ist ein lieber und guter Wolf. Aber der andere ist sehr böse, niederträchtig und gefährlich!"*

Der Enkel darauf hin: *„Bei Manitou, Opa, das ist ja schlimm. Was machen denn diese beiden Wölfe in deiner Brust?"*

„Die führen einen schrecklichen Kampf gegeneinander!"

Der Kleine rutscht immer tiefer unter seine Decke und bringt schließlich ängstlich heraus: *„Und welcher der beiden wird gewinnen?"*

„Der, den ich füttere, mein Kind."

Tue nicht so, als ob du lediglich vollkommen redliche, demokratische Seiten und Gedanken hättest. Damit untergräbst du nur schleichend das Fundament der Demokratie. Denn du *und* deine Unvollkommenheit *sind* das Fundament der Demokratie.

*

Respektiere deine innere Vielfalt und gehe demokratisch mit ihr um. Schließe keinen deiner inneren Anteile kategorisch aus.

*

Mach dir ehrlich klar, welche Vorurteile du in dir trägst. Stelle sie in Frage.

*

Identifiziere deine Befürchtungen und Ängste. Steigere dich nicht in sie hinein. Lebe mit ihnen und entspann dich, so gut du es eben hinbekommst.

*

Identifiziere deine ungestillten Bedürfnisse und kümmere dich, soweit möglich, auf angemessene Weise um sie – und ohne anderen zu schaden.

*

Trage konsequent die Verantwortung für dein Verhalten und schiebe es nicht auf äußere Umstände.

*

Gib deinen menschenfreundlichen und demokratischen Seiten ausgiebig die Möglichkeit, sich im alltäglichen Handeln zu zeigen.

Wie man das eigene Verhältnis zur Demokratie klärt

Eine Entdeckungsreise zum demokratischen Ich

Was ist Demokratie für dich?

Welche Werte sind dir wichtig?

Wofür bist du der Demokratie dankbar?

»Glaubst« du an die Demokratie? Wenn ja: Wie lautet dein Glaubensbekenntnis?

Wenn die Demokratie durch eine autoritäre Herrschaft ersetzt würde: Was würdest du am meisten vermissen?

____

____

____

Bist du schon einmal für etwas auf die Straße gegangen? Was müsste passieren, damit du auf die Straße gehst?

____

____

____

Hältst du dich für einen guten Demokraten? Wenn ja, warum? Wenn nein, warum nicht?

____

____

____

Woran machst du fest, ob jemand ein guter Demokrat ist?

____

____

____

Bist du schon einmal bewusst nicht zu einer Wahl gegangen? Wenn ja, warum?

____

____

____

Wie ging es dir im Anschluss mit dem Wahlergebnis?

Hättest du das Zeug zum Politiker? Was hast du, was ein Politiker haben sollte?

Was muss ein Politiker haben, was du nicht hast?

Meinungsfreiheit ist ein hohes Gut in der Demokratie; findest du, es sollte trotzdem nicht alles gesagt werden dürfen?

Würdest du die Freiheit anderer, ihre Meinung zu sagen, in jedem Fall verteidigen? In welchen Fällen würde es dir schwerfallen?

Wie tolerant bist du gegenüber Intoleranz?

____

____

____

Welche Freiheiten bist du bereit, für Sicherheit zu opfern?

____

____

____

Welche Risiken dürfen Politiker dir mit ihren Entscheidungen zumuten?

____

____

____

Hast du demokratische Werte schon einmal »missachtet«? Wie kam es dazu? Wie ging es dir dabei? Was denkst du heute darüber?

____

____

____

Möchtest du ein noch besserer Demokrat sein? Wie könntest du das anstellen?

____

____

____

Wie gut gelingt es dir, dich Mehrheiten unterzuordnen?

Hat Demokratie deiner Ansicht nach auch Nachteile?

Gibt es etwas, was dich an der Demokratie zweifeln lässt?

Was an der Demokratie irritiert dich? Nervt dich?

Was an der Demokratie ist dir fremd? Möchtest du es besser
kennenlernen?

Welche ist deine undemokratischste Seite?

Welche Ansichten hast du, die dir selbst nicht ganz geheuer
sind?

Mit welchen Versprechen müsste ein Populist locken, um
dich zu verführen?

Welche politischen Ereignisse haben dich geprägt?

Welche am meisten enttäuscht?

Kannst du dich an dein erstes Mal Wählen erinnern? Wie
war das für dich?

Welche Personen haben dein Demokratieverständnis maßgeblich beeinflusst? Welcher Art war der Einfluss?

Welche Botschaften hast du zu Hause über die Demokratie vermittelt bekommen? Welche über die Menschenrechte?

Demokratieerziehung: Was haben deine Eltern gut gemacht, was eher nicht?

Und deine Lehrer?

Was andere wichtige Bezugspersonen?

Welche Botschaften würdest du anderen über die Demokratie gerne mitgeben?

Wenn du eine Zwischenbilanz deines Lebens als Staatsbürger und Demokrat ziehen würdest: Wie würde sie lauten?

Was vermutest du: Liegt die demokratischste Zeit deines Lebens schon hinter dir? Oder kommt sie noch?

Wenn du am Ende deiner Tage auf dein Leben als Staatsbürger zurückblickst: Welches Fazit würdest du dann gerne über dich ziehen?

Wie zufrieden bist du mit dem gegenwärtigen Zustand der Demokratie in Europa? In deinem Land? Deinem Freundes- und Bekanntenkreis? Deiner Familie? Was würdest du gerne ändern?

Ab welchem Alter sollte ein Mensch deiner Meinung nach wählen dürfen? Warum?

Wie würdest du deine aktuelle politische Einstellung in wenigen Sätzen beschreiben?

Wie erklärst du dir deine politischen Einstellungen? Was hat sie geprägt, wie sind sie entstanden?

Wie gut kennen andere deine politischen Einstellungen?
Was zeigst du? Was verbirgst du? Wozu?

Welche Vorurteile hast du? Möchtest du das ändern?

Höre nie damit auf, dich selbst zu hinterfragen.

*

Prüfe kritisch, welche Haltung du zur Demokratie und ihren
vielen Facetten hast.

*

Stelle dir selbst immer wieder Fragen über dein Verhältnis
zur Demokratie. Vor allem solche, auf die du keine
schnellen Antworten hast.

*

Finde ehrlich heraus, wofür du bereit bist zu kämpfen. Und
wofür nicht. Und dann kämpfe.

Danksagung

Ohne die wunderbaren Gespräche und Diskussionen mit all den Menschen, die glücklicherweise nicht immer meiner Meinung waren, wäre dieses Buch nicht möglich gewesen. Dafür einen besonderen Dank an Marco Bode, Martin Fackel, Marko Witt, Gerd Stumm, Britta Bünder, Kristina Ellerkamp und Joana Kauer, um wenigstens einige namentlich zu nennen. Dr. Wolfgang Kowalk, Angela Kowalk und Anja Junker möchte ich neben den Diskussionen und hilfreichen Anregungen für ihre orthografischen und grammatikalischen Fähigkeiten und das ausdauernde Korrekturlesen danken. Meiner Frau möchte ich dafür danken, dass sie mir stets den Rücken zum Schreiben freigehalten hat. Und schließlich einen großen Dank an Dr. Oliver Domzalski, der den Anstoß für dieses Buch gab und mir als Lektor bei der Konzeption und Ausarbeitung mit seiner Fachlichkeit und seinem inspirierenden Zuspruch zur Seite stand.

Stefan Junker

Krise – Hirn an!

Klar denken und handeln bei trüben Aussichten.

Die Welt ist in ziemlicher Unordnung. Und der Nachschub an neuen Krisen wird vorerst nicht abreißen, sondern weiter zunehmen. Denn die Menschheit steckt inmitten einer gigantischen „Metakrise". Der Krisenmanager Stefan Junker zeigt auf, was das bedeutet – und was jeder selbst tun kann, um erfolgreich durch diese unruhigen Zeiten zu navigieren. Er zeigt, wie man sowohl mit den großen Krisen der Gegenwart gut zurechtkommt, als auch die eigenen Krisen bewältigen kann. Eine Handreichung für jeden, der das eigene Denken nicht aufgeben möchte:

- Leben in einer irren Welt, ohne den eigenen Verstand zu riskieren
- Mentales Rüstzeug für chaotische Zeiten
- Halt finden, wenn alte Selbstverständlichkeiten erodieren
- Knowhow für das Management von Krisen

ISBN: 978-3746066080, 192 Seiten

Stefan Junker

Die Demokratie und du: Zukunft fraglich.

Werden wir morgen noch selbstbestimmt und in Freiheit leben können? Wie wird es mit der Demokratie weitergehen? Wie sieht ihre Zukunft aus? Hat Sie überhaupt eine? Und was bedeutet das alles für mich? Wie soll ich mich positionieren, mit all dem umgehen?

Der Psychologe und Krisenmanager Dr. Stefan Junker hilft dem Leser auf verblüffende Weise bei der Klärung dieser drängenden Fragen: Er stellt seinerseits Fragen. Hunderte. Ein ganzes Buch voller frecher, nachdenklich machender, intellektuell herausfordernder, manchmal auch einfach unterhaltsamer Fragen. Fragen, die zur Selbstreflexion und zu spannenden, lustvollen Gesprächen mit Mitmenschen anregen. Fragen, die zu neuen, lohnenden Begegnungen mit dem eigenen Ich und anderen führen.

Stefan Junker ist überzeugt: Es wird höchste Zeit, die eigene Beziehung zur Demokratie zu klären. Er macht Mut, politisch zu denken und zu handeln. Er zeigt mit seinen Fragen, dass jeder etwas tun kann, um die Zukunft der gesellschaftlichen Verhältnisse aktiv mitzugestalten.

"Die Demokratie und Du. Zukunft fraglich." - ein außergewöhnliches Buch voller Fragen, das dem Leser hilft eigene Antworten auf die Herausforderungen der Gegenwart zu finden.

Schlagen Sie dieses Buch irgendwo auf und fangen Sie an zu fragen - sich selbst und andere.

Inklusive Test: Wie anfällig bin ich für Populismus?

ISBN: 978-3743187573, 120 Seiten.